AF383913

MAURICE SPRONCK

L'An 330 de la République

(XXIIᵉ SIÈCLE DE L'ÈRE CHRÉTIENNE)

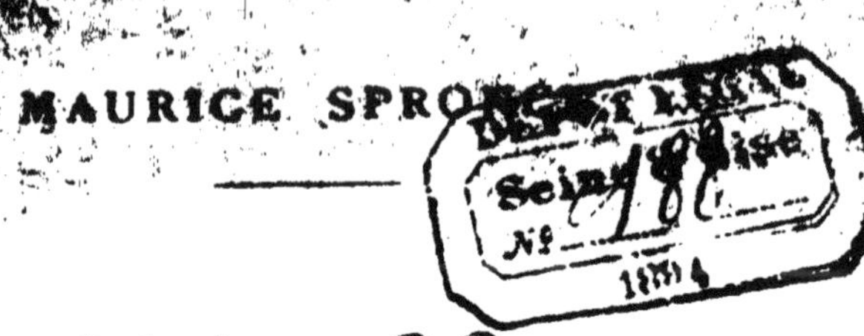

Temps futurs ! Vision sublime !
Victor Hugo.

PARIS

LÉON CHAILLEY, ÉDITEUR

3, RUE SAINT-JOSEPH, 3

1894

L'An 330

de la République

CORBEIL. — IMPRIMERIE ÉD. CRÉTÉ.

MAURICE SPRONCK

L'An 330
de la République

(XXIIe SIÈCLE DE L'ÈRE CHRÉTIENNE)

Temps futurs ! Vision sublime !
VICTOR HUGO.

PARIS

LÉON CHAILLEY, ÉDITEUR

8, RUE SAINT-JOSEPH, 8

1894

LES FÊTES D'ORLÉANS

LES FÊTES D'ORLÉANS

Le 16 messidor, an 313 de la République (2105 de l'ère chrétienne), la commune d'Orléans devait célébrer le centenaire de son affranchissement.

De grandes réjouissances publiques furent votées et organisées par le conseil municipal; des invitations lancées par téléphone aux quatre coins du monde civilisé, convoquèrent les représentants des autres communes à cette solennité pacifique : beaucoup de villes, ayant accepté, envoyèrent des députations ; d'autres, plus tièdes, expédièrent simplement des phonographes chargés au préalable de

discours symphatiques ; d'autres enfin,
ou indifférentes, ou enfermées dans leur
égoïsme local, ou même poussées par de
mesquines jalousies, inventèrent de vagues
excuses et trouvèrent moyen de s'abstenir.
La fête n'en donna pas moins ce qu'on
en attendait, et chacun en garda une
impression durable.

Les Orléanais y avaient attaché une
importance extrême. La date du 16 messidor 313 n'était pas seulement pour eux
l'anniversaire de leur libération ; elle
marquait aussi la fin d'un conflit politique
qui remontait peut-être à une quarantaine
d'années, et dont le temps ne semblait
pas adoucir l'aigreur. L'existence d'une
simple statue équestre, la statue de Jeanne
d'Arc, avait suffi à fomenter et à entretenir cette longue dissension intestine.

Le parti progressiste exigeait impérieusement qu'on renversât, pour les envoyer au fondeur, Jeanne d'Arc et sa monture ; le parti conservateur, affaibli d'ailleurs de jour en jour par la diffusion des idées libérales, plaidait les circonstances atténuantes, et demandait que l'on gardât comme une curiosité ce monument des époques barbares et disparues. Les adversaires se calomniaient en permanence à propos de cette affaire, avec l'acrimonie venimeuse qui convient à des hommes libres ; et comme il est dans la nature de certains sujets de ne jamais s'épuiser, il se passait rarement deux semaines sans qu'une polémique se rouvrît, toujours soutenue par un intérêt sans cesse renaissant.

Les progressistes faisaient valoir tout ce qu'il y avait de suranné, et même d'immoral et de dangereux, à honorer d'une

image de bronze une femme en qui s'in-
carnaient la plupart des plus vieilles et
des plus stupides superstitions abolies.
Jeanne symbolisait le respect de l'autorité
gouvernementale, la croyance en Dieu et
à l'immortalité de l'âme, l'idolâtrie patriotique, le culte des légendes militaires,
l'exaltation de la virginité. Ne serait-elle
pas dans l'Histoire comme un des types
les plus complets de l'ignorance et de la
sauvagerie antiques ?

Les conservateurs ne niaient point ces
arguments indéniables ; mais, imparfai-
tement émancipés de la religion des
ancêtres, ils n'arrivaient pas à secouer
toute attache aux choses du passé. Ils
alléguaient, avec une logique spécieuse,
que la protectrice d'Orléans ne pouvait
guère être déclarée responsable d'une foi
philosophique et morale qui était celle de

son époque, et que d'ailleurs ses visions s'expliquaient par le fait de troubles hystériques. — A quoi la faction radicale répondait qu'elle était très disposée à l'indulgence plénière vis-à-vis d'une irresponsable, mais que, d'autre part, l'hystérie n'avait jamais constitué un titre à aucune espèce de monument commémoratif.

Dans l'état de calme, de repos et de bonheur parfait où l'humanité en était venue, des querelles de cette importance ne s'élevaient pas souvent. Le public, qui au fond se moquait bien de Jeanne d'Arc, s'amusait du débat et en suivait les péripéties avec attention, commentant minutieusement chaque mot des attaques et des ripostes, pointant les coups, établissant des paris comme autour d'une table de jeu. Des sommes énormes étaient

engagées de part et d'autre, quand l'affaire
se trouva tranchée par voie de plébiscite
communal. Les électrices, que l'on avait
tenté d'intéresser au sort de l'héroïne, ne
voulurent pas paraître se solidariser avec
la réaction, et votèrent toutes, comme
une seule femme, pour l'enlèvement de la
statue.

La mesure d'ailleurs s'imposait. Depuis
que l'Europe était entrée dans la période
de l'âge d'or, le nombre des bienfaiteurs
de l'humanité avait crû dans des propor-
tions telles qu'on ne savait où placer le
plus modeste buste ; les façades exté-
rieures des maisons en étaient tapissées
de la base au sommet. Les rues, les places,
les carrefours s'encombraient d'une foule
de célébrités taillées dans le marbre ou
coulées en métal. Le jour où la commune
d'Orléans décida d'élever un monument

à l'illustre chimiste Claude Mouillaud, il
ne restait plus une surface vacante qui
fût digne de lui. — Les partisans de
Jeanne d'Arc sentirent leur résistance
vaine ; tous ceux qui ne purent s'en dis-
penser payèrent honnêtement leurs paris.

Malgré l'ennui de ce règlement de
comptes, personne n'osa réclamer contre
l'honneur rendu à Claude Mouillaud. Il y
avait unanimité à reconnaître son immense
valeur de philanthrope et de savant ; nul
n'ignorait ses admirables travaux relatifs
à la fabrication des comestibles artificiels,
et l'on tombait d'accord sur l'expansion
qu'avait prise, grâce à lui, cette science
de la chimie alimentaire, encore dans les
limbes au 1er siècle de la République (XIXe
de l'ère chrétienne). Quand il mourut, ses
procédés industriels mettaient désormais
à la portée de tous — et à profusion —

1.

une nourriture falsifiée aussi savoureuse et presque aussi saine que la véritable.

De tels titres méritaient bien un monument comme celui où s'immortalisèrent la gloire et les traits du grand homme. Debout, dans une attitude méditative, il dominait, du haut de son socle de marbre, plusieurs groupes majestueux de sculptures allégoriques, d'où se détachait, la corne à la main, une figure de l'Abondance. L'artiste avait su imiter l'étoffe des vêtements avec une incomparable perfection . . . .

. . . .

Dans un pays véritablement civilisé et heureux, l'organisation d'une fête ne va jamais sans des difficultés graves. — A moins d'une extrême ingéniosité, en effet, il devient presque impossible de distraire des gens dont la vie est une perpétuelle distraction. On ne fait pas de distributions de vivres à qui regorge de nourriture. On n'offre pas des concerts, ou des représentations scéniques, ou des illuminations nocturnes à une ville dont chaque habitant possède un théâtrophone et que la lumière électrique éclaire du soir au matin. En 317, si les courses de chevaux seules gardaient encore quelque attrait, c'est que la Société protectrice des animaux était arrivée à les rendre très rares. Quant à l'inauguration d'une statue, il y avait longtemps que le charme de l'inédit manquait à ce genre de spectacle.

Il fallait pourtant inventer quelque chose en l'honneur de Claude Mouillaud et du centenaire d'Orléans. Après des tâtonnements infinis, le premier magistrat de la ville, le compagnon suprême, — ou plutôt la compagnonne suprême, car c'était une femme —, eut une idée.

Cette idée consistait dans une reconstitution archéologique très complète de la vie barbare au premier siècle de l'ère républicaine. Les perfectionnements de la machinerie permettaient assez aisément de donner à certains quartiers de la cité moderne un peu de son ancien aspect misérable et malsain ; l'électricité chômerait pendant vingt-quatre heures ; plus de lumière électrique : l'éclairage au gaz ; plus de locomotion aérienne : des voitures, traînées par de véritables chevaux, circuleraient à travers les rues et transporteraient les promeneurs aux différents centres de la fête ; dans la banlieue, on construirait de vastes halles où fonctionneraient les vieux métiers industriels ; des scènes de guerre et de supplices, tels que la pendaison ou la guillotine, seraient représentées sur un immense hippodrome ; des restaurants fourniraient à leurs convives des aliments naturels, préparés et assaisonnés selon la mode antique.

Deux de ces articles soulevèrent malheureusement les réclamations violentes de l'infatigable Société protectrice des animaux ; ses membres déclarèrent à l'unanimité qu'atteler un être vivant quelconque à n'importe quel véhicule, c'était ramener l'humanité aux plus tristes heures de son histoire. Et puis le mot « aliments naturels » les avait inquiétés. Allait-on tuer des moutons et en manger la chair ? Quand ils apprirent que les rédacteurs du programme l'entendaient bien ainsi, leur exaspération ne connut plus de bornes. Ils menacèrent de quitter en masse la ville sacrilège, et ils l'auraient fait assurément s'ils avaient été plus certains qu'on chercherait à les retenir . . . .

. . . .

La date solennelle arriva enfin. Dès l'aube, la municipalité fit lancer des nuages artificiels qui tamisaient l'ardeur du soleil et répandaient dans l'atmosphère un peu de fraîcheur humide ; en même temps, les appareils frigorifiques maintenaient exactement la température à vingt et un degrés centigrades : des vaporisateurs de parfums rares furent installés en plusieurs quartiers. Sur le parcours que devait suivre le cortège officiel et dans les boulevards avoisinant la statue de Claude Mouillaud, le marbre des rues était couvert de tapis précieux et les maisons décorées d'étoffes éclatantes, sans affectation de mauvais goût.

Dès huit heures du matin, les invités

affluaient ; ils étaient reçus immédiatement
au palais municipal, tandis que les divers
engins de locomotion aérienne qui les
avaient amenés retournaient se ranger en
dehors de la ville sans qu'il fût besoin de
police. A onze heures, les dernières délégations retardataires étaient présentes ;
les derniers envois de phonographes étaient
parvenus à destination et n'attendaient
qu'à être placés sur l'estrade aux discours
pour réciter leurs compliments. Le cortège
se forma en bon ordre, et commença à
défiler.

Chacun des hauts personnages qui le
composaient était assis dans un fauteuil
roulant, mu par l'électricité, assez ana-
logue aux anciens tricycles et très aisément
dirigeable. Il eût été impossible en effet
d'obliger à une marche de vingt minutes
ces hommes ou femmes exclusivement .

voués aux travaux de l'intelligence et déshabitués depuis longtemps des exercices physiques. Le fauteuil roulant était d'ailleurs d'un usage commun dans le peuple du IVe siècle; passé vingt-cinq ou trente ans, tout le monde s'en servait et ne le quittait guère que pour dormir.

En tête de onze cent vingt représentants des communes étrangères, la compagnonne suprême d'Orléans, la citoyenne Paule Bonin, roulait dans son tricycle. Quoiqu'elle ne fût entourée d'aucune de ces mises en scène théâtrales, chères aux époques et aux races barbares, quoiqu'elle n'eût ni escorte particulière, ni uniforme clinquant, ni décorations multicolores, le prestige moral dont elle était revêtue suffisait à narquer sa haute situation. La foule se découvrait à son passage avec une sympathie respectueuse.

La citoyenne Paule Bonin avait été
jolie : mais, à trente-quatre ans, elle ne
l'était plus. Comme la plupart de ses
contemporains ou contemporaines, la
fâcheuse obésité l'avait frappée fort
jeune, et elle n'avait pas tardé à atteindre
une amplitude qui, dans une civilisation
moins parfaite, lui eût rendu l'existence
impossible. Un système de corsetage
savant la cuirassait des genoux jusqu'aux
épaules, comprimant les cuisses, refou-
lant le ventre, étayant la taille, ramenant
la poitrine, soutenant les bras, tandis que,
au-dessus de cet ensemble amorphe, les
joues et le menton couperosés descen-
daient en plusieurs étages. Les yeux et
le front seuls avaient une beauté puis-
sante, pour ainsi dire spirituelle : les yeux
profonds et brillants de vie entre les pau-
pières lourdes : le front plein de pensée,

dénudé et poli par les veilles sur toute la
surface du crâne, à peine garni encore
par quelques touffes de cheveux grison-
nants.

Personne plus que Paule Bonin ne
s'était voué corps et âme au labeur désin-
téressé et incessant pour le progrès, pour
la science, pour le bonheur public. Munie
de l'instruction variée et solide que la
commune donnait à tous, exemptée par
une organisation sociale supérieure des
moindres soins matériels, elle avait pu se
développer sans entraves et faire valoir
intégralement les merveilleuses ressources
de son beau génie.

Vers quinze ans, comme la plupart des
jeunes gens et jeunes filles à qui le permettait l'état de leur santé, elle avait
bien dissipé dans les désordres un temps
qu'elle aurait mieux employé à l'étude ;

mais ce temps même pour elle n'avait pas
été perdu, puisqu'il lui apprenait la vanité
de l'amour et du plaisir ; libre des préju-
gés moraux qui jadis imposaient aux
femmes d'autres devoirs qu'aux hommes,
elle avait essayé une à une les voluptés
les plus subtiles ; à vingt ans, revenue de
tout, après avoir goûté à tout, dans le grand
apaisement de ses sens fatigués, elle avait
renoncé aux jouissances vulgaires pour
se consacrer à des tâches plus noblement
intellectuelles et cultiver des ambitions
plus hautes. Dans sa solitude volontaire,
elle avait savouré les joies de connaître et
de comprendre ; et puis son cœur battait
pour l'humanité ; plusieurs importantes
découvertes lui assuraient la gratitude de
ses concitoyens durant sa vie et une statue
après sa mort . . . .

. . . .

Quand toutes les délégations furent
rangées dans leurs fauteuils autour du
monument de Claude Mouillaud, le maître
de la fanfare municipale abaissa le levier
de sa caisse à musique, et de l'immense
boîte montée sur six roues, une marche
triomphale jaillit vers le ciel, exécutée par
un orchestre mécanique d'une impeccable
précision. Un murmure d'admiration
accueillit les dernières mesures du mor-
ceau. Après quoi, la citoyenne Bonin fit
monter à son tricycle le plan incliné qui
menait à l'estrade d'honneur ; d'un effort
pénible, elle souleva sa corpulence, et,
debout, prononça sa harangue. Un nouveau murmure approbatif en souligna la
péroraison ; et il en fut de même après
chaque discours ou chaque audition pho-
nographique. En deux heures un quart, la
cérémonie était terminée ; le socle de la

statue disparaissait sous les couronnes et les feuillages. Les assistants se séparèrent, et partirent au hasard à travers la ville, en quête d'un divertissement.

On s'amusa comme des civilisés, avec une réserve correcte, sans cet emportement fébrile que les sauvages mettent dans leurs plaisirs. Les reconstitutions archéologiques furent goûtées ; les repas naturels, jugés un peu répugnants, eurent moins de succès, et quelques blasés seuls, par dilettantisme, se décidèrent à mordre des viandes qui avaient été vivantes ; les voitures à chevaux attiraient les curieux ; les divers spectacles, reproduisant les guerres et les supplices antiques, intéressèrent la foule par la perfection de la mise en scène et l'exactitude des détails. Le triomphe de la machinerie théâtrale fut même la cause d'un incident qui eût pu entraîner des suites graves.

Le programme des supplices contenait une exécution par la guillotine. Quand on vit sortir d'une porte de prison, soutenu par les aides du bourreau et accompagné par le prêtre, un automate admirablement agencé, à la figure exsangue, aux yeux révulsés par l'épouvante, avec un tremblotement de la mâchoire inférieure et un halètement court de la poitrine qui secouait jusqu'aux épaules, il courut à travers la foule un frisson d'horreur ; au moment où, du mannequin couché sur la bascule un flot de liquide rouge jaillit sur le sol, ç'en fut trop pour les nerfs impressionnables du public : des cris de protestation et d'angoisse éclatèrent ; des femmes, des hommes s'évanouirent ; quelques-uns tentèrent de se précipiter vers les issues, renversant les vieillards et les infirmes ;

une bousculade générale se produisit, au milieu de laquelle stridait le hurlement des épileptiques brusquement saisis par une crise. On fut assez heureux pour n'avoir à déplorer aucun accident mortel; mais le lendemain la presse, avec juste raison, s'élevait contre ces exhibitions sanglantes, dignes d'un autre âge.

Du reste, sauf ce contretemps, rien ne troubla la joie des fêtes. L'incommodité de l'éclairage au gaz, la lenteur avec laquelle on était contraint d'allumer un à un les réverbères d'une rue, la lueur jaunâtre qu'ils répandaient autour d'eux, tout cet étalage de vieilleries démodées formait pour les Orléanais un spectacle absolument nouveau et parvenait à les faire sourire. Ceux que n'avaient pas complètement anéantis les fatigues de la journée errèrent assez tard dans leurs

tricycles à travers le décor archaïque de
la ville, et philosophèrent entre eux sur
la beauté de la science, les progrès de
l'humanité et le bonheur de vivre au
IVe siècle de l'ère républicaine.

COUP D'ŒIL GÉNÉRAL

ET

RÉTROSPECTIF

COUP D'ŒIL GÉNÉRAL
ET RÉTROSPECTIF

La commune d'Orléans, non plus que les autres communes du monde, n'en était pas venue sans effort à cet état de miraculeuse prospérité. Rien qui n'eût été conquis en effet de haute lutte contre l'inégalité, la misère et l'injustice. Une dépense de dévouement inépuisable et de labeur sans trêve, trop souvent des flots de sang répandus formaient le bilan mélancolique et glorieux de cette suprême crise plusieurs fois séculaire où la civilisation dut se débattre contre l'inertie et l'ignorance de la barbarie antique.

La Révolution française avait préparé
tout ; en réalité, elle ne fonda rien. A une
noblesse héréditaire, elle substitua une
aristocratie de l'argent ; à une oppression,
une autre oppression non moins lourde.
Jamais elle ne se décida à comprendre
qu'une société reste infailliblement réduite
à l'impuissance tant qu'elle n'a pas secoué
des entraves comme la religion, la patrie,
la propriété ou la famille. La Convention
marque une date dans l'Histoire ; elle ne
fait pas avancer d'une ligne le bien-être
de l'espèce ici-bas.

Les divers régimes, monarchiques ou cé-
sariens, qui s'imposèrent ensuite n'avaient
pas qualité pour trancher le problème
des revendications populaires. Pendant
près de quatre-vingts ans, — sauf durant
la courte éclaircie de la seconde république —, l'Europe sembla hésiter. D'il-

lustres penseurs rédigèrent d'admirables systèmes ; certains apôtres, mieux inspirés, suscitèrent une multitude d'émeutes sanglantes qui entretinrent la foule dans la conscience de ses droits et qui valurent à la plupart des chefs des situations avantageuses. Le progrès général n'en marchait pas moins avec une extrême lenteur ; il fallut qu'une simple question dynastique et nationale vînt par hasard à surgir pour provoquer un cataclysme et donner aux aspirations légitimes de l'humanité une recrudescence nouvelle.

La guerre franco-allemande, provoquée par les ambitions particulières du roi Guillaume et de l'empereur Napoléon III, fut le mal d'où les circonstances devaient faire jaillir le bien. La proclamation seule de la Commune de Paris eût suffi à payer les milliers de cadavres semés sur les champs

de bataille; elle était la première réalisa-
tion matérielle de l'idée qui plus tard a
dominé la terre; elle allait créer pour l'avenir un symbole aux réformateurs sociaux.

En allumant la guerre civile devant
ceux qu'on appelait alors les étrangers ou
les ennemis, le gouvernement insurrec-
tionnel parisien nia la patrie et affirma la
fraternité universelle; en fusillant les
prêtres, magistrats ou officiers qu'il déte-
nait en otages, il frappa à mort la religion, la magistrature, l'armée, tous les
agents d'ignorance et de servitude; en
brûlant les maisons et les palais, il ren-
versa l'idole de la propriété et du capital.
Plus tard, il eut ses martyrs. Et puis,
comme le droit reste toujours le droit et
finit par triompher quand même, une heure
vint où un parlement de bourgeois apeurés
n'osa plus maintenir dans ses bagnes les

héros de la révolution communaliste ; il
joua, vis-à-vis de ses victimes, la comédie
du pardon ; avec une générosité dérisoire,
il offrit l'oubli de ses propres crimes à
ceux qu'il avait dépouillés, exilés, empri-
sonnés, massacrés. Les misérables subirent
en silence cet affront suprême, et n'ou-
blièrent rien. La propagande reprit. Le
germe du bonheur futur était semé et
avait éclos ; il ne lui restait qu'à s'épanouir.

L'état politique et moral de l'Europe
ne lui fournissait pas un terrain défavo-
rable vers la fin du Ier siècle de l'ère
républicaine ; dans ces sociétés qui se
prétendaient toutes plus ou moins démo-
cratiques, et qui étaient toutes plus ou
moins fortement hiérarchisées, les classes
dites dirigeantes ne possédaient elles-
mêmes aucun principe directeur et ne
connaissaient guère que leur intérêt

égoïste et immédiat ; d'autre part, avec
la diffusion de l'instruction, avec la liberté de la presse, les classes dirigées
s'émancipaient peu à peu des vieilles
tutelles par où on les maintenait jadis.
D'année en année, elles réclamaient plus
impérieusement leur part de bien-être et de
jouissances ; elles menaçaient de recourir
à la force pour obtenir justice ; en dépit
de leur pauvreté et des entraves légales
qui les enchaînaient, elles syndiquaient
leurs aspirations disséminées et arrivaient
à s'organiser pour la lutte.

Cette lutte, tous la sentaient nécessai-
rement prochaine et probablement implacable ; en réalité pourtant, elle demeurait
impossible tant que les puissantes admi-
nistrations militaires qui résultaient de la
guerre franco-allemande n'auraient pas
été dissoutes.

Le système de la nation armée avait servi peut-être la cause du socialisme, aussi bien en aggravant la charge des impôts qu'en faisant de la caserne un lieu de rapprochement entre ouvriers de la terre et ouvriers de l'usine. Néanmoins, il entretenait dans les foules les sentiments nationalistes, et constituait en faveur des gouvernants une garantie d'immunité à peu près infrangible. Là encore, le droit finit par vaincre ; quand le militarisme eut comblé la mesure des ridicules, des hontes et des horreurs qu'implique son essence même, il s'écroula aux applaudissements unanimes des peuples.

Longtemps auparavant, les philosophes avaient déjà démontré les monstruosités de la guerre. Ils l'accusaient de ne rien prouver ; eux, en revanche, prouvaient, chiffres en main, que chaque bataille coûte un nombre considérable de vies humaines, crée un obstacle au développement de l'agriculture, de l'industrie et du commerce ; ils établissaient en outre qu'une balle ou un boulet suppriment aussi bien un homme de génie qu'un imbécile, un honnête homme qu'une canaille ; en vertu de quoi, ils concluaient à l'immoralité des duels internationaux où les races primitives mettaient leur plus chère gloire.

Certains de ces mémorables philanthropes s'étaient voués à leur œuvre de paix avec une passion d'apôtres ; lentement, à force de travail et de patience, ils obtenaient d'appréciables résultats. Un temps vint où, une fois l'an, ils purent se réunir en congrès entre adeptes des mêmes doctrines et échanger des discours sur toutes les questions où ils étaient sûrs de s'accorder. Quant aux autres, ils les écar-

taient impitoyablement de l'ordre du jour
dans la crainte de soulever des conflits ;
et l'expérience prouva à mainte reprise
que cette précaution était sage : car si
les pacificateurs s'entendaient admirablement sur les avantages qu'il y a pour
les peuples à ne point se battre, ils se
querellaient souvent avec violence sur les
moyens pratiques d'atteindre cet idéal.
Aucun motif plausible ne semblait exister
qui empêchât ces institutions anti-belli-
queuses de demeurer prospères. Elles
suppliaient qu'on leur accordât le désarmement, prêchaient la théorie de l'arbitrage et jouissaient de l'estime générale.
Il fallut une série de malheureux hasards
pour faire tourner à mal leurs intentions
et leur donner dans les affaires d'Europe
un rôle qu'elles ne recherchaient pas.

Dès avant la session qui devait se tenir

à Lausanne au printemps de l'année 112 (1904 du christianisme), il apparaissait qu'un parti nouveau allait surgir au congrès, en opposition avec l'ancien qu'il inculpait de mollesse, d'incurie et d'inintelligence. Ce parti prétendait ne pas s'en tenir éternellement à l'éloquence platonique qui était de fondation dans les diverses sociétés en faveur de la paix, et il voulait qu'on tâchât de régler à l'amiable les multiples points litigieux qui maintenaient l'Europe en armes. Cette dérogation aux usages les mieux consacrés sembla grosse de périls à beaucoup de bons esprits ; ils n'en dirent rien, naturellement, dans la crainte de passer pour timides ; mais ils n'en pensèrent pas moins ; et les événements prouvèrent qu'ils avaient pensé juste.

Tous les journaux de tous les pays en-

trèrent immédiatement en campagne dès
qu'ils eurent un soupçon vague des projets couvés par une fraction des congres-
sistes ; ils engagèrent des polémiques, et,
aussitôt après envoyèrent en hâte des re-
porters aux informations ; ceux-ci revinrent
munis d'une masse de renseignements con-
fus ou contradictoires, qui suscitèrent des
démentis, sur lesquels se greffèrent de
nouvelles affirmations, suivies de répli-
ques, d'accusations calomnieuses, d'inju-
res personnelles, de provocations et de
rencontres. Au bout de trois semaines, les
gouvernements européens commençaient
à s'inquiéter de l'énervement populaire
qu'ils sentaient grandir autour d'eux et
qui pouvait les déborder d'un moment à
l'autre ; ils songèrent à s'entendre pour
interdire la menaçante manifestation qui se
préparait ; seulement, aucun n'osa pren-

dre l'initiative d'une première démarche
dans la crainte de paraître avoir peur.

.Le Congrès eut donc lieu et ne fit pas
de difficulté dès l'abord à démasquer ses
intentions. Quand le bureau eut été
constitué, un des délégués français monta
à la tribune, et demanda que, confor-
mément au droit des gens, on réglât par
voie de plébiscite et d'arbitrage la question d'Alsace-Lorraine. Un immense *hour-
vari* composé d'acclamations et de huées,
coupa brusquement la parole à l'orateur.
Il dut se rasseoir, tandis que la sonnette
du président sonnait désespérément sans
parvenir à dominer le tumulte. Les assistants s'interpellaient de leur place et refusaient d'écouter leurs rares collègues
qui avaient gardé un certain sang-froid.
Les phrases les plus désobligeantes pour
les deux nations en cause s'échangeaient.

avec libéralité entre Français et Allemands
appuyés par leurs amis réciproques. En
vain, de son fauteuil où le clouait un accès de goutte, le vieil Octave Thomas,
agitant ses mains séniles, gémissait d'une
voix onctueuse : « Ne parlez pas de ça,
mes amis ! Mes chers amis, ne parlez pas
de ça ! » Personne ne se souciait de ses
conseils. Le tapage cessa quand la fatigue
et la poussière eurent à peu près rompu
les cordes vocales des interpellateurs.

Malheureusement, devant le *tolle* de
l'opinion en Allemagne, le gouvernement
de l'Empire ne put pas ne point solliciter
diverses explications du gouvernement de
la République française. Celui-ci répondit
courtoisement qu'il n'était pour rien dans
la croisade prêchée par ses nationaux ;
il déplora leurs excès et désavoua leurs
agissements ; mais aussitôt, — redoutant

d'être convaincu par la presse de pusillanimité et de platitude, — il ajouta sèchement qu'il n'abandonnait pas et n'abandonnerait jamais les revendications territoriales formulées par les victimes du traité de Francfort.

Pendant trois jours, des dépêches aigres-douces inondèrent les deux chancelleries : les Parlements respectifs des deux États posèrent des questions, lurent des manifestes, improvisèrent des discours et protestèrent de leur profond amour pour la paix, tout en déclarant avec véhémence qu'ils feraient massacrer jusqu'à leur dernier fantassin plutôt que de subir la moindre humiliation ; les journaux, de leur côté, imprimèrent des kilomètres de prose patriotique. Le quatrième jour, dans la soirée, l'état-major allemand donna ordre, comme mesure comminatoire, de mobiliser un corps d'armée. Sur quoi, le cinquième jour, au matin, la France en mobilisa deux.

A la nouvelle de ce double événement, un frisson passa sur l'Europe. Chacun comprit que l'heure était venue de la grande liquidation si longtemps retardée, et, sans protestations vaines, en silence, on se prépara à la lutte inévitable. Une seule puissance tenta le suprême effort de s'interposer entre les belligérants ; l'Angleterre protesta au nom de l'humanité et offrit ses bons offices pour arranger les choses, à la condition qu'on lui laissât occuper l'Égypte et le Maroc. Il était trop tard : on n'eut pas même le temps d'examiner sa proposition.

Le Congrès en faveur de l'arbitrage et du désarmement n'en continuait pas moins ses travaux avec la ponctualité que donne la vraie foi. Effrayé de ses propres déportements, il n'avait pas tardé à prendre ses précautions contre lui-même et à voter la question préalable sur les nombreux sujets brûlants de la politique contemporaine. Ensuite, soulagé de tout pénible souci, il s'était joyeusement replongé dans ses conférences habituelles sur l'horreur meurtrière des batailles et l'immoralité des boulets de canon. On votait déjà le septième paragraphe du vœu accoutumé pour la suppression de la guerre, quand on apprit qu'un choc de cavalerie entre dragons et uhlans venait d'ensanglanter la frontière franco-allemande. Pour la première fois, il fallut changer la rédaction de l'ordre du jour par où le Congrès terminait ses séances. On n'avait plus lieu de se renvoyer les uns aux autres les félicitations annuelles.

Il n'y a pas à insister sur cet effroyable drame de l'an 112. Personne n'en ignore les sombres péripéties, les chances longtemps incertaines, le dénouement brusque et imprévu. En cinq semaines, quinze millions de baïonnettes avaient été levées des confins de l'Oural au détroit de Gibraltar ; on s'était battu furieusement en Lorraine et en Pologne, sans cesse obligé à des changements de tactique par le perfectionnement des engins de guerre, les vainqueurs du jour vaincus le lendemain, la vie intérieure des peuples suspendue et ruinée, leur existence nationale toujours à la merci d'une catastrophe suprême, qui d'ailleurs ne se produisit nulle part. En cinq mois, les milliards engloutis ne se chiffraient plus ; quatre millions d'hommes avaient péri ; il y eut un moment de stupeur instinctive dans l'âme des combattants ; d'elles-mêmes, les hostilités s'arrêtèrent, et des propositions d'arrangement furent timidement émises.

Les membres du Congrès de la paix, revenus de leurs récentes désillusions, jugeaient l'instant opportun pour rentrer en scène. Ils tinrent une réunion intime, et commencèrent à composer un mémoire plein de maximes fraternelles qui faillirent rallumer la lutte. Seulement, comme l'Europe était en état de siège, et se trouvait soumise au régime militaire, le gouverneur de Paris fit dissoudre, de sa propre autorité, la Société en faveur de l'arbitrage international, et, avec une brutalité soldatesque, il menaça ses membres de les flanquer en prison, s'ils ne consentaient pas à rester tranquilles. — Les conférences reprirent entre diplomates ; la France et la Russie, moins épuisées que les puissances rivales, exigèrent le désarmement, la restitution de l'Alsace-Lorraine et un remaniement des États balkaniques. Un traité fut enfin signé ; et le monde respira . . . .

. . . .

Jamais, à aucune époque, on doit le reconnaître, le progrès ne marcha à pas aussi rapides que dans le demi-siècle qui suivit le bouleversement de l'an 112. Les pouvoirs monarchiques tombèrent les uns après les autres, presque sans révolutions ; émancipés de l'oppression royale et aristocratique, délivrés du souci des invasions étrangères et allégés d'une grande partie des impôts, les peuples purent se consacrer au développement de la civilisation, de la science et du bien-être général. Le règne de l'humanité commençait sur la terre.

3.

L'organisation du travail et l'abolition
du capital ne se réalisèrent évidemment
pas du jour au lendemain, sans que bien
des essais malheureux eussent été tentés ;
toutefois peu de sang coula ; les violences
furent assez rares et circonscrites uniquement sur les points où l'esprit de réaction
résista au courant. Presque nulle part ne
s'accomplirent ces scènes de massacre,
d'incendie et de pillage que les prophètes
du passé barbare avaient imaginées comme
un épouvantail aux yeux des foules.

On expérimenta successivement, et
avec loyauté, les panacées diverses des
anciennes écoles socialistes : fixation par
l'État du taux des salaires, intervention
du pouvoir central dans les rapports entre
patrons et ouvriers, limitation de la journée
de travail à huit heures, reprise et exploi-
tation par la collectivité de tous les biens

individuels, suppression de l'héritage...
Ces importantes réformes ruinèrent rapidement non seulement la grande féodalité financière, mais aussi jusqu'aux plus modestes des capitalistes ; elles n'allèrent pas non plus, il est vrai, sans une diminution très notable et assez inquiétante de la fortune publique. On les accepta cependant pour l'amour de la justice ; et puis c'est toujours un grand adoucissement à la misère de penser qu'on ne se trouve point seul à la subir et que les autres en souffrent autant que nous.

Le malaise ne fut d'ailleurs que transitoire ; le bonheur ne sortit pas des transformations sociales ; elles y contribuèrent néanmoins, quand les découvertes de la science eurent résolu le problème de la production économique. Dès la seconde moitié du ɪɪ* siècle, la mise en œuvre du

transport de la force par l'électricité donna
à l'industrie un essor sans précédents ; le
flux et le reflux de la mer, les cascades,
les cours d'eaux, les collines ou montagnes
exposées au vent reçurent des appareils
accumulateurs d'où le fluide rayonnait
vers des centaines d'ateliers ; les machines
ainsi actionnées pour un prix dérisoire,
et sans cesse perfectionnées par les ingénieurs, arrivèrent à fournir par milliards
les objets fabriqués, jadis les plus coûteux ;
en même temps, la seule grande révolution
qui soit à signaler dans la chimie depuis
les travaux de Lavoisier permettait de
transmuer à l'infini les matières vulgaires
que produit la nature en quantités iné-
puisables ; la culture du sol devint quasi-
inutile ; la récolte des substances brutes,
— marines ou terrestres, — s'opérait
sans efforts, au moyen de procédés méca-

niques ; l'homme par son génie, tendait peu à peu à faire du monde extérieur un prodigieux laboratoire parfaitement agencé, et exigeant à peine une surveillance insignifiante.

Devant l'abondance et la surabondance des richesses, la journée de huit heures, par la force seule des choses, ne tarda pas à se réduire à six, à quatre, puis à deux heures ; bientôt même la moindre assiduité quotidienne devint superflue; l'outillage des manufactures se chargeait amplement de subvenir aux besoins de la consommation, pourvu que chaque citoyen lui consacrât quelques instants de sa semaine. A la fin, on jugea plus simple, pour ces corvées, d'entretenir collectivement un certain nombre d'ouvriers chinois ; et, comme il était à craindre que la présence de ces étrangers constituât

un péril, chaque commune se composa
par prudence une milice de mercenaires
musulmans, campés en dehors de la ville,
soumis à une discipline très stricte, et
toujours disponibles dans le cas peu pro-
bable de troubles intérieurs ou extérieurs.
Il n'y avait plus désormais personne,
dans les sociétés civilisées, qui ne pût
s'adonner intégralement aux occupations
nobles, aux recherches intellectuelles
qui font le véritable prix de la vie.

Un suprême progrès restait à accomplir
cependant avant que l'humanité eût
franchi la dernière étape de son développement absolu; en dépit des améliorations
successives apportées par le temps et les
mœurs, la tyrannie étatiste, à la fin du
iie siècle, pesait encore d'un poids lourd
sur les libertés individuelles. Assurément,
les anciennes dénominations nationales

n'étaient plus guère que des expressions géographiques ; le sentiment de la patrie avait disparu des âmes les plus crédules, aussi bien que les croyances surnaturelles et religieuses. Les provinces d'abord, les communes ensuite avaient peu à peu conquis une autonomie presque complète. Par le fait seul néanmoins de créer, d'entretenir et d'exploiter les grandes voies de transport et de communication, — routes, canaux ou chemins de fer —, une administration centrale persistait, étendant ses ramifications d'un bout à l'autre du territoire, maîtresse d'une police et d'une armée de fonctionnaires, investie du privilège exorbitant de percevoir des impôts. On se résignait devant la nécessité inéluctable, mais non sans révoltes secrètes.

Comme toujours, ce fut la science qui

abolit le vestige des esclavages antiques.
Vers l'an 185, la navigation aérienne,
jusqu'alors entravée par une série d'échecs
ou de résultats incertains, entra brusquement, et avec un entier succès, dans le
domaine de la pratique habituelle. En
moins de vingt ans, elle supplanta tous
les autres modes de locomotion à grandes
distances, de manière à annihiler les
vastes organisations plus ou moins gouver-
nementales qui dominaient les sociétés
européennes et maintenaient le souvenir
vague des centralisations de jadis. Moins
de vingt ans encore après, les diverses
agglomérations communales se trouvaient
définitivement affranchies ; chacune possédait son budget, ses lois, sa constitution
politique, son personnel administratif,
ne relevait que d'elle-même, sans autre
contrôle que celui de sa volonté propre, et

ne se voyait paralysée par aucune tutelle
dans l'expansion de son activité civilisa-
trice.

La proclamation de l'indépendance,
pour la commune d'Orléans, eut lieu le
16 messidor 213, aux acclamations de la
foule. L'humanité avait touché la terre
promise et y était entrée.

QUELQUÉS OMBRES
AU TABLEAU

QUELQUES OMBRES
AU TABLEAU

Il existe toujours des esprits chagrins
pour nier la possibilité des progrès à obtenir et contester la valeur des progrès
obtenus. C'est ainsi qu'à cette époque, la
plus prospère du monde, quelques hypo-
condriaques en arrivaient à puiser des
sujets de plainte dans la prospérité même
dont on jouissait, et se livraient aux pronostics les plus sombres sur l'avenir des
races européennes. Ils prétendaient s'en-
nuyer, comme si l'ennui était vraisemblable, quand on possède à profusion le
superflu aussi bien que le nécessaire, et

que l'on peut consacrer sa vie à la recherche
des lois scientifiques.

Les psychologues et les médecins,
consultés sur ces anomalies, avaient conclu
à des lésions psycho-pathologiques, dont
les uns plaçaient le siège dans la région
de la moelle, tandis que les autres
penchaient plutôt à les localiser dans les
lobes antérieurs du cerveau. Ni les uns
ni les autres d'ailleurs ne surent indiquer
de médications efficaces ; mais leurs études
ne furent pas pour cela perdues et elles
les mirent sur la voie d'importantes découvertes ; un jour vint où ils acquirent
la certitude et prouvèrent expérimenta-
lement à qui voulut les entendre que les
dégénérescences du système nerveux sont
congénitales, héréditaires et incurables.

La proportion sans cesse croissante des
suicides semblait justifier leur thèse ; le

suicide tendait à devenir un genre de mort
normal, si l'on en jugeait d'après les
statistiques officielles; il n'épargnait pas
plus les enfants que les adultes; dès le
milieu du iii° siècle, il était admis par les
mœurs et n'étonnait personne. — Les
pessimistes se consolaient de cet état
de choses en affirmant que le mal
était inguérissable; les optimistes con-
testaient que ce mal fût un mal, et ils y
voyaient une simple manifestation de la
liberté individuelle; les économistes, plus
conciliants, voulaient bien admettre que
ce mal en soi ne fût pas un mal; mais ils
soutenaient que sa généralisation en-
traînerait des conséquences néfastes et me-
nacerait les sociétés futures de ne jamais
exister.

Le problème de la continuation de
l'espèce était en effet un de ceux que

n'avait pas complètement résolu la civilisation moderne. A mesure que le monde avançait dans les voies de la perfection humanitaire, l'excédent des décès sur les naissances augmentait avec une régularité déconcertante ; on paraissait se reproduire de moins en moins, tandis que le bien-être matériel grandissait de plus en plus. Y avait-il contradiction entre les deux termes ? D'aucuns le disaient hardiment. Mais les plus sensés se refusaient à l'admettre ; car il eût été trop pénible de voir l'effort de tant de siècles ne servir qu'au bonheur de deux ou trois générations et aboutir aussitôt au néant universel.

La vérité triste à reconnaître, et pourtant incontestable, c'est que le prodigieux épanouissement de la médecine et de la chirurgie favorisait dans une certaine limite cette inquiétante stérilité. On avait beau, par les anesthésiques, supprimer les douleurs de l'enfantement, les femmes se souciaient peu de subir pendant des mois les ennuis d'une grossesse, — d'autant plus difficile que leur organisme était plus délicat. — L'ovariotomie dès lors remplaçait avantageusement les périlleuses et répugnantes manœuvres abortives de jadis ; depuis longtemps l'opération ne présentait plus aucun danger ; elle exigeait à peine quelques jours de soins et de repos ; la pratique s'en était peu à peu répandue chez les jeunes filles et la plupart s'en déclaraient satisfaites.

L'opinion publique, il est vrai, n'accepta pas d'emblée cet usage ; dans plusieurs communes même, elle ne l'accepta jamais avec franchise. En 237, une très curieuse discussion à ce sujet avait occupé pendant cinq semaines les séances du conseil

municipal d'Orléans; et, si les libéraux
finirent par triompher, ce ne fut pas sans
avoir essuyé les plus virulentes attaques
de la part de leurs contradicteurs.

Ceux-ci, au nom des intérêts supérieurs
de la race, prétendaient obliger les femmes
à garder leurs ovaires, et ils n'hésitaient
pas à sanctionner cette exorbitante obli-
gation par les pénalités les plus dures. —
La fraction libérale avait la partie belle
à refuter ce système rétrograde; elle
répliquait que, dans une société où la
responsabilité criminelle n'était plus ad-
mise et où les manquements à la loi étaient
assimilés à de simples cas morbides, il
paraissait assez illogique de vouloir punir
l'infécondité, même volontaire. Que si-
gnifiait cette résurrection des droits de
l'État opposés aux droits imprescriptibles
de l'individu? Que devenait le principe

primordial de la liberté de chacun uniquement limitée par la liberté des autres ! En quoi le fait de s'amputer un organe pouvait-il nuire à l'indépendance de quiconque ? Devant ces arguments, la fraction conservatrice restait muette, ou elle s'entêtait à invoquer l'évidence brutale de la diminution dans les chiffres des naissances.

Malgré l'émigration continuelle venue des campagnes vers les villes, la population en effet s'éclaircissait partout. Personne ne songeait à nier ce phénomène. Seulement, impliquait-il des catastrophes aussi imminentes en réalité qu'en apparence ? Constituait-il même, en somme, un commencement de péril ? La prospérité et le développement intellectuel d'un pays sont peut-être en raison inverse du nombre de ses habitants. Quelques filles d'ailleurs

se rencontraient toujours que talonnait
l'instinct de la maternité et qui aidaient
à combler les vides. Bien que détournées
ainsi de travaux plus nobles, elles faisaient
une besogne utile et méritaient des en-
couragements.

Et puis, la médecine, impuissante contre
les suicides et responsable jusqu'à un
certain point de la stérilité des femmes,
offrait d'autre part des compensations
manifestes. Les épidémies avaient disparu
qui autrefois supprimaient en masse les
enfants, les vieillards, les infirmes,
les débiles, tous les misérables aux-
quels la nature avait refusé une santé
résistante. Les rachitiques, les aveugles
de naissance, les sourds-muets, les épileptiques, les idiots, les monstres se conservaient aussi bien et aussi longtemps que
les autres. Les affections tuberculeuses ou

cancéreuses, sans être jamais guéries complètement, s'atténuaient assez pour permettre aux malades de conduire leur mal jusqu'à un âge parfois très avancé. La civilisation voyait, à juste titre, une de ses plus belles conquêtes dans cette lutte victorieuse contre la mort, et les sciences tératologiques y trouvaient leur compte : le pullulement des civilisés fous ou difformes leur fournissait un champ d'expériences tel qu'on n'en avait pas connu jadis.

On alla longtemps admirer, dans la commune de Marseille, une petite fille acéphale que l'académie savante de la ville était parvenue à faire vivre, en lui pratiquant une trachée-artère et un œsophage artificiels. On concluait de c e cas anormal que l'absence de la tête réduit la sensibilité à de simples réflexes et ne laisse à l'homme qu'un mode

4.

d'existence végétatif, très rudimentaire,
assez voisin de celui du mollusque. Pendant onze ans, les observations quoti-
diennes se poursuivirent sur l'intéressant
sujet ; malheureusement, un jour, il se
décida à mourir, sans que l'autopsie ait
jamais nettement déterminé pourquoi.
Les Marseillais s'attristèrent un peu de
perdre une des plus attractives curiosités du
pays ; mais ils se moquèrent des débats
ultra-scientifiques engagés autour de l'in-
fortuné cadavre. Un mauvais plaisant in-
sinua même que le jeune monstre était
peut-être mort d'une congestion cérébrale.

Mieux que les meilleurs arguments,
l'anecdote démontre au moins les virtuosités prodigieuses dont l'art médical devenait sans cesse plus susceptible. Il est juste
de dire que ces virtuosités devenaient aussi
sans cesse plus indispensables devant les né-

cessités nouvelles crées à la thérapeutique.

Depuis plusieurs siècles, au milieu de l'inactivité générale, l'emploi s'était singulièrement répandu des excitants artificiels, ordinairement à base d'alcool ou d'opium. On avait essayé d'abord, en diverses régions et à diverses reprises, d'en prohiber le commerce et de frapper les délinquants de pénalités assez fortes. Outre que cette répression choquait les principes, on avait dû bientôt constater une fois de plus que toute mesure légale qui va contre le droit reste fatalement inapplicable. Les toxiques continuèrent à se débiter ; quand on ne pouvait se les procurer au dehors, la chimie permettait facilement de les fabriquer à domicile. Les lois finirent par être rapportées qui n'aboutissaient qu'à multiplier les produits moins purs et plus dangereux.

Rien de prouvé d'ailleurs dans cette hypothèse de la décadence sociale occasion-
née par l'usage des poisons intellectuels.
De grandes œuvres ont été accomplies
dans tous les temps par des alcooliques
ou des morphinomanes ; si, dans un délai
variable, chacun d'eux se voue à des dégénérescences physiques et mentales
presque certaines, la surexcitation de
leur génie a toujours préalablement donné
sa contribution au progrès de l'humanité.
Que demander de plus à des époques où
la force et l'activité musculaires n'ont
plus leur raison d'être ? La noblesse de
l'homme ne consiste-t-elle pas à faire
remonter toute vie en son cerveau, au
péril même de son organisme ?

La médecine intervenait utilement pour
atténuer les cas les plus dangereux. Des
antidotes avaient été découverts qui retar-

daient les principaux effets de l'intoxica-
tion, et évitaient le plus souvent les ac-
cidents mortels. On cita une femme qui,
déclarée perdue à trente-huit ans, se
releva sans autre infirmité sérieuse qu'une
paralysie complète des bras et des jambes,
et ne succomba que dans sa quatre-vingt-
troisième année. Jusqu'à la minute suprême, l'intelligence demeura lucide ;
elle buvait chaque jour environ un litre
de laudanum en y trempant des biscuits,
et dictait à son phonographe des ouvrages
dont quelques-uns furent considérés
comme remarquables.

La science pourtant n'obtenait que des
résultats beaucoup moins évidents quand
elle avait à traiter des sujets atteints de
lésions congénitales ; et la quantité de
ces sujets-là s'accroissait chaque année,
d'autant plus sûrement que les autres fléaux

n'opéraient pas désormais dans l'espèce leur meurtrière mais salutaire sélection. A l'égard de ces infortunés, on ne s'illusionnait pas sur les chances de réussite : on se contentait d'employer quelques mesures préventives indispensables à la sûreté générale.

Les criminels, par exemple, conservaient, en dépit de tous les remèdes, une opiniâtre propension au crime, et l'on attendait encore au iv⁰ siècle l'aliéniste qui guérirait du vol ou du meurtre. Toutes les tentatives jusque-là avaient échoué ; comme on s'était jadis aperçu que l'ensemble des condamnés n'avait guère dépassé le niveau de culture intellectuelle que comporte l'enseignement primaire, on en avait conclu que la diffusion de l'instruction supérieure diminuerait, si elle ne réduisait pas à rien, le nombre des attentats contre la propriété ou les personnes. Avec le temps il fallut en rabattre : les assassins étaient pourvus de tous leurs diplômes ; mais ils n'assassinaient pas moins.

La justice, telle que l'avait transformée la physiologie, ne permettant pas de les déclarer responsables, force était bien de les isoler pour la sauvegarde de leurs concitoyens ; nulle tâche n'exigeait plus de tact et de savoir que ce choix entre des individus extérieurement semblables. Il ne se passait pas de semaine où l'on ne signalât des erreurs ou des abus ; l'opinion publique, quand elle n'avait rien de mieux pour se distraire, commentait avec plaisir les sottises de la commission déléguée au service de la criminologie et demandait qu'on la supprimât ; mais elle exigeait, la semaine suivante, qu'on en augmentât les

pouvoirs, si une série d'incidents san-
glants venait soudain réveiller en chacun
l'instinct de la sécurité personnelle.

A part quelques fautes et quelques in-
cohérences fâcheuses, rien n'était en
somme plus admirablement conforme à la
religion de la pitié humaine que cette
administration vouée à la surveillance et
à l'entretien des criminomanes. Partant
de ce dogme que tout prétendu coupable
est un malheureux et un malade, elle le
traitait avec d'autant plus d'égards et de
douceur qu'il manifestait des dispositions
plus malfaisantes. Cela ne changeait évidemment pas son insociabilité naturelle, —
malgré tout le bien qu'on avait espéré
jadis de cette médication; — mais cela
sauvait la morale et fournissait une inépuisable pâture à la sensibilité des philanthropes.

De vastes établissements installés avec
les derniers raffinements du confortable
et de manière à ne point rappeler la prison, recevaient les individus réputés dangereux. Ils y étaient servis et soignés par
un corps très nombreux d'infirmiers
chargés de leur fournir à domicile toutes
les distractions possibles, et, s'il leur pre-
nait fantaisie de sortir, de les accompa-
gner au dehors. Jamais en effet la séques-
tration absolue ne pouvait être ordonnée,
sauf dans les cas de délire furieux. Et
encore profitait-on toujours de l'inter-
valle des crises pous laisser aux misérables certaines apparences de liberté.
Ils en profitaient parfois pour céder à leur
entraînement maladif et commettre quelque meurtre. Leurs gardiens se voyaient
alors réprimandés sévèrement, menacés
même d'une destitution. Par bonheur,

ces faits, quoique trop fréquents, étaient
néanmoins plus rares qu'on voulait bien
le dire. .   .   .   .

.   .   .   .

En définitive, il n'y a et il n'y aura
jamais de sociétés absolument parfaites
que celles imaginées par les poètes ou
les constructeurs d'utopies. Malgré certaines défectuosités graves, la civilisation
européenne au ive siècle se rapprochait de
l'idéal plus que ne l'avait jamais fait
aucune autre, à aucune époque de l'histoire du monde. Affranchi des servitudes
que lui imposaient jadis les lois de la nature ou les tyrannies aristocratiques,
émancipé de l'ignorance et des superstitions d'outre-tombe, délivré des grandes
calamités telles que les épidémies ou les
guerres, pourvu dès sa naissance d'un
bien-être matériel qui eût effacé le luxe

le plus sompteux de jadis, l'homme,
heureux et libre, connaissait pour la première fois le règne de la justice, de la
fraternité et du progrès. S'il lui restait
encore quelques réformes à accomplir, la
science étendait chaque jour ses conquêtes
et lui offrait l'espoir d'un développement
illimité dans la voie victorieuse où désormais il marchait d'un pas sûr.

LES

ÉVÉNEMENTS D'ANDALOUSIE

LES ÉVÉNEMENTS D'ANDALOUSIE

. . . .

S'il est toujours douloureux, pour une âme croyante et sensible, de voir ses espérances et ses convictions légitimes démenties par la brutale intervention des événements, combien plus cuisante semble la désillusion au cœur de l'écrivain, dont la vie entière fut consacrée à un apostolat reconnu chimérique! Il n'a pas la ressource de se duper lui-même en oubliant ses opinions anciennes, en les niant, ou, au moins, en les accommodant à la situation nouvelle imposée par les faits. Sa prose, moulée en caractères d'impri-

merie, demeure comme un irrécusable
témoin de son erreur et établit amèrement,
pour lui mieux que pour tout autre, la
profondeur de l'abîme entre le rêve d'autrefois et la réalité d'aujourd'hui. Sans
compter que la malignité humaine ne lui
épargne jamais l'humiliation, bien pénible
pour l'amour-propre, de s'entendre unanimement traiter d'imbécile par ses lecteurs
et ses confrères.

Mais aussi, dans le cas actuel, qui eût
pu prévoir, tandis que l'on célébrait en 313
les fêtes d'Orléans, que, moins de seize ans
après cette date, de si effroyables catastrophes auraient changé la face du globe ?
Faut-il donc douter de cette civilisation
confortable et paisible qui était si douce,
et dont on jouissait si largement ? Un pareil doute serait très grave. En outre, il
impliquerait ce corollaire d'un mysticisme

extravagant, que l'homme n'est pas ici-bas pour résoudre la question du bien-être général, et qu'il a une fin au contraire en dehors de son propre bonheur et du bonheur de ses semblables. Mieux vaut, en dépit des apparences fournies par l'histoire, persister dans la foi humanitaire et sociale. Une attitude intransigeante est conforme à l'esprit de progrès. Et puis, elle est plus digne.

Il y a eu assurément des fautes commises. Si ceux qui n'étaient rien ne pouvaient rien contre les périls menaçants, il est certain que les administrateurs municipaux, à qui avait été délégué le soin des intérêts et du salut publics, ont fait preuve d'une lamentable incurie. Plusieurs d'entre eux, voués depuis à la juste exécration de la postérité, ont essayé de se défendre en prétendant qu'ils ne gouvernaient point

parce que leurs concitoyens étaient ingou-
vernables. Piètre excuse : car, de ce que
le droit d'un peuple libre consiste à ne
subir aucune espèce d'autorité, il ne
s'ensuit pas que son devoir l'oblige à
prendre sur lui la responsabilité de ses
malheurs. Au reste, quels que soient les
vrais coupables, une étude impartiale
démontre avec évidence que, dans le
désastre universel, le parti radical est
peut-être le seul qui n'ait rien à se repro-
cher. La preuve, c'est qu'il n'a jamais
cessé de prêcher la marche en avant, de
réclamer à grands cris des réformes, et
de faire une opposition impitoyable à
tous les hommes en fonction.   .   .   .   .   .

.   .   .   .

En dépit de l'opinion longtemps consacrée, tandis que l'Europe, depuis l'ère
républicaine, accomplissait son admirable

évolution politique, intellectuelle et morale, l'Islam, à côté d'elle, s'étendait,
envahissant l'Afrique entière d'une part,
absorbant d'autre part l'Asie jusque dans
l'Inde et l'Extrême-Orient. Ignorant,
pauvre, fanatique et barbare, il n'en constituait pas moins une force, et l'on
eut tort de ne pas prévoir qu'il pourrait devenir un danger pour le repos du
monde.

Avant même d'abandonner leurs puissantes centralisations de jadis au profit
des communes autonomes, les nationalités
européennes avaient peu à peu délaissé
les domaines lointains, dont la conquête
et la conservation usaient tant d'or et de
sang. Les protestataires honteux qui, dans
le début, blâmaient les expéditions et les
annexions coloniales, sans oser réclamer
franchement le retrait des troupes expé-

ditionnaires et l'évacuation des territoires annexés, s'étaient à la longue enhardis. Soutenus par le sentiment public que n'aveuglait plus la gloriole du militarisme, et qui répugnait chaque jour davantage à ces laborieuses et coûteuses entreprises, ils avaient fait valoir avec vigueur l'inhumanité et l'injustice de toute occupation à main armée. L'humanité et la justice sont des mots qu'on n'invoque jamais en vain devant les honnêtes gens, quand on s'en sert pour flatter les rancunes ou les désirs de l'égoïsme personnel. Un jour vint où les États barbaresques, moyennant quelques clauses de vassalité vague, retombèrent au pouvoir de leurs anciens possesseurs arabes. Tout le monde se félicita d'un événement qui délivrait la France d'une continuelle occasion de dépenses, de tracas et d'ennuis, et qui ne l'empêchait pas de vivre tranquille entre ses propres frontières.

C'était l'époque des grandes découvertes mécaniques et chimiques qui avaient si merveilleusement transformé les conditions de l'existence. La décroissance de la population et l'accroissement des richesses constituaient une garantie pour les musulmans qu'on ne chercherait plus à les troubler dans leur empire. On leur offrit même les moyens de se perfectionner au contact de la civilisation. En envahissant plus tard l'Europe, au mépris des règles les plus élémentaires du droit des gens, ils ont donc fait preuve d'une inqualifiable brutalité, et démontré une fois de plus la pernicieuse influence du fanatisme religieux.

Les choses semblèrent d'abord s'arranger assez bien. Quoique surexcités

continuellement par les marabouts qui
leur prêchaient la guerre sainte, quoique
travaillés sans cesse par les derniers représentants de quelques grandes familles
qu'hypnotisait le souvenir des khalifats
d'Espagne, et qui se transmettaient
pieusement de père en fils depuis des
siècles les clefs de leurs maisons de Gre-
nade ou de Cordoue, quoique belliqueux
enfin par nature et par éducation, les
Arabes ne tentèrent aucune irruption par
delà la Méditerranée. Satisfaits de se
sentir maîtres de l'Afrique, ils n'essayaient
pas d'en sortir et s'autorisaient seulement
parfois à enlever quelques femmes ou à
risquer quelques coups de main sur les
côtes européennes. Ces actes de piraterie
lésaient profondément les communes qui
s'y trouvaient exposées ; ils étaient cependant trop circonscrits pour inquiéter les

villes situées à l'intérieur des terres.

Certains alarmistes prétendaient, il est vrai, que les questions d'armement, négligées par les races supérieures depuis l'établissement de la paix définitive, occupaient fort les potentats mahométans ; ils faisaient valoir que la dislocation des nationalités avait entraîné la suppression presque complète de toute marine et de toute artillerie sérieuses, et que, dans des conditions pareilles, au cas où il surgirait jamais un conflit, on pourrait rencontrer des résistances inattendues, voire éprouver des déceptions amères.

En dépit de ces fâcheux pronostics, l'opinion ne voulut pas s'émouvoir. Chacun savait que, si les États barbaresques organisaient des armées relativement puissantes, c'était pour se défendre contre leurs rivaux Soudanais et Sahariens, ou pour se battre entre eux, et non dans le but de préparer contre l'Europe une agression dont on ne voyait pas les motifs raisonnables. Du reste, on comptait, en dernier ressort, sur les terribles explosifs ou autres engins de destruction dont disposait la science, et sur la force morale que donne toujours, contre des hordes à moitié sauvages, le prestige de l'intelligence. En quoi l'on avait tort : car le prestige intellectuel se révéla par la suite notoirement inégal au prestige de plusieurs millions de baïonnettes ; quant aux fameux explosifs, le jour où l'on voulut s'en servir, on s'aperçut que les mercenaires licenciés en avaient depuis longtemps communiqué la formule à leurs concitoyens.

Tout le monde, par malheur, ignorait ces détails. Aussi, fût-ce avec beaucoup d'étonnement que, dans le courant de floréal 300 (2092 de l'ère chrétienne), on apprit la nouvelle d'un débarquement des Maures en Andalousie.   .   .   .   .   .

.   .   .   .

Des dissentiments aigus existaient, depuis plusieurs années, entre les trois communes d'Alméria, de Motril et de Malaga d'une part, et le sultan du Maroc d'autre part. Les perpétuels brigandages commis par les sujets de ce dernier avaient fini par lasser la patience des villes du littoral. Fatiguées de sentir leurs réclamations inutiles, de voir leurs ambassades mystifiées ou même grossièrement éconduites par les fonctionnaires marocains, elles se décidèrent à les menacer de représailles. Moins de deux semaines après, quatre jeunes filles malagaises étaient enlevées par des pirates et leur

famille massacrée : on se décida à agir ;
une barque appartenant à des pêcheurs
de Ceuta fut saisie, et les hommes qui la
montaient gardés à vue.

Cette manifestation d'énergie causa
certainement plus d'émotion sur la côte
espagnole qu'en Afrique. Les Andalous,
effrayés de leur propre audace, terrifiés à
l'idée de ses conséquences possibles,
vécurent dans les pires transes, attendant
d'une minute à l'autre la vengeance du
sultan. Afin d'adoucir au moins sa fureur,
ils comblèrent d'égards leurs prisonniers,
les entourèrent de soins, leur prodiguèrent
toutes les jouissances du luxe le plus
raffiné ; si bien qu'au bout de huit jours
de détention, six de ces sauvages sur onze
étaient tombés malades par suite d'excès
de table. Un d'eux, en dépit des médecins,
alla même jusqu'à mourir en quarante-

huit heures de vingt-sept glaces à la framboise, hâtivement ingérées.

L'annonce de cet accident ne contribua pas à calmer l'inquiétude générale des populations. Les habitants de Malaga tremblèrent de sentir peser sur eux le soupçon d'empoisonner leurs otages; ils entendaient déjà leurs voisins les accuser de compromettre, par imprévoyance et maladresse, la bonne renommée de toute la péninsule ibérique; en ces conjonctures, leur attitude fut ferme et calme; ils jetèrent courageusement à la porte le conseil municipal en fonctions et en nommèrent un nouveau.

Celui-ci entra aussitôt en séance, et, après cinq heures de discussions houleuses, il vota un ordre du jour d'où il résultait que la situation était grave, non pas pourtant désespérée, mais susceptible néanmoins de le devenir. Le lendemain, il décida d'élire une commission chargée d'examiner la meilleure voie à suivre pour entrer en pourparlers avec Sa Majesté Chérifienne. Le rapport de cette commission fut unanimement approuvé, quand on le vit conclure à l'élargissement des dix prisonniers de Ceuta; d'abord, on commençait à les trouver embarrassants : ensuite, on pensa que cette démarche serait appréciée par leur gouvernement comme une marque de courtoisie et une preuve d'intentions pacifiques.

Ces sages efforts devaient cependant rester vains. Tandis que les communes andalouses se préparaient à toutes les concessions non incompatibles avec leur dignité, le sultan, soutenu par les deys d'Alger et d'Oran, mobilisait ses troupes, les concentrait aux divers points d'embar-

quement les plus favorables, et réquisi-
tionnait pour leur transport jusqu'aux
moindres bâtiments de commerce. Cette
activité suspecte était matériellement impossible à dissimuler d'un bord à l'autre
du détroit de Gibraltar ; ceux contre qui
elle était dirigée ne l'ignorèrent pas. Ils
s'obligèrent à ne rien voir et à ne rien
dire pour ne pas s'épouvanter eux-mêmes ;
puis, passant brusquement de leur sécurité feinte à un affolement très sincère, ils
se résolurent à ne pas prolonger plus
longtemps un si intolérable état de choses.

On convoqua des réunions publiques ;
on créa des commissions nouvelles, on ré-
digea un premier programme politique
qui fut mal accueilli, et remplacé immédiatement par un second qui fut beaucoup
mieux reçu ; les municipalités se déclarèrent en permanence, et tombèrent d'ac-

cord pour se concerter sur les mesures opportunes à prendre ; seulement, elles faillirent se brouiller en étudiant la question du meilleur mode de scrutin, et elles échangèrent des mots aigres en opérant la répartition de leurs besognes réciproques. Néanmoins, se ressaisissant aussitôt, elles reconnurent à l'unanimité que le moment était plus mal choisi que jamais pour rompre les bonnes relations amicales de jadis, et soulever des dissensions intestines. Un tribunal arbitral fut institué dans le but de trancher les points litigieux ; enfin le Grand Conseil de la Fédération des communes put ouvrir sa session et commencer ses travaux.

Il y procéda avec une promptitude à laquelle on ne saurait trop rendre hommage. Après avoir constaté, non sans pièces et témoignages à l'appui, le bon droit des villes andalouses et la mauvaise foi du gouvernement marocain, il énuméra minutieusement les démarches conciliantes tentées dans l'intérêt de la paix ; il n'essaya pas de dissimuler que ces démarches étaient demeurées stériles ; il montra le sultan rejetant toutes les avances de la diplomatie, refusant toute explication sur ses préparatifs militaires, Nouant des alliances suspectes pour la tranquillité générale, organisant, en un mot, tous les éléments d'une guerre offensive. Dans ces conditions, le Grand Conseil jugea qu'un conflit devenait chaque jour plus vraisemblable, et il conclut qu'on aurait probablement avant peu à repousser la force par la force.

Pour ne point se laisser prendre au dépourvu, il vota trois résolutions ; premièrement : d'envoyer à Sa Majesté Chéri-

fienne une lettre officielle destinée à
faire impression sur son esprit, en lui
signalant la gravité des événements qui
allaient se produire et dont Elle seule por-
terait la responsabilité devant l'histoire ;
secondement : d'en appeler aux sentiments de solidarité de l'Europe entière,
et de lui demander des secours en hommes, armes, ou objets d'équipement ;
troisièmement : de vérifier le nombre et
l'état des contingents mercenaires, et de
les renforcer en leur adjoignant tous les
citoyens libres que les médecins déclare-
raient à peu près valides et bons pour le
service.

Le second paragraphe de ce dernier
article ne passa pas sans difficultés ; cependant, il passa. Mais les embarras re-
doublèrent dès qu'on parla sérieusement
d'en exécuter la teneur. Les jeunes gens,

proposés comme recrues, se montrèrent
dénués d'enthousiasme. On célébra devant eux la beauté de la tâche qui leur
était dévolue ; on allégua les nécessi-
tés du salut commun ; on les proclama
même par avance « héroïques défenseurs
de la grande patrie humanitaire ». Ces
divers moyens de persuasion les laissaient
froids. Ils répondaient par la célèbre parole qu'écrivit jadis un des premiers
apôtres de l'émancipation sociale, député
au Parlement de la troisième République
française : « La patrie est là où l'on se
trouve bien. » Et ils affirmaient qu'ils se
trouvaient très mal dans un pays où on
risquait de se faire casser la tête. Assez
rapidement de fréquentes désertions ac-
centuèrent la défaveur qui s'attachait à
l'idée d'enrôler les citoyens libres et le
projet fut abandonné.

6

L'appel aux frères d'Europe n'eut également qu'un succès relatif. D'ordinaire, les Andalous n'étaient pas aimés; la douceur de leur climat, la richesse de leur sol, l'éternelle clarté de leur ciel où la vie se déroulait spontanément joyeuse et insouciante, leur avaient épargné bien des efforts pour la conquête du bonheur ; on les voyait détenteurs de privilèges dus au seul hasard ; sans que personne osât se l'avouer, un vague sentiment d'envie se mêlait à l'apparente cordialité des relations habituelles ; on n'était point fâché, pour une fois, d'assister à leur détresse. Certes, ces déplorables jalousies ne furent point unanimes, et certaines **exceptions** méritent qu'on les loue. La ville d'Orléans, entre autres, n'écouta que ses inspirations généreuses ; dans chacune des dix communes les plus menacées, elle envoya deux délégués spéciaux, qui prodiguèrent aux habitants de bonnes paroles, et les félicitèrent chaudement de se dévouer ainsi pour la cause de la civilisation.

Il est triste, aujourd'hui encore, de songer que toute cette activité fiévreuse était dépensée en pure perte. Aucun argument d'humanité ou de justice ne prévalut contre le fanatisme brutal du sultan. Il voulait la guerre quand même ; il l'avait prévue et préparée de longue date ; dès que le moment lui parut opportun, il la déchaîna sans scrupule.

A vrai dire, ce fut moins une guerre qu'une simple prise de possession. Aussitôt que les premiers mouvements des flottes ennemies eurent été dénoncés par les sémaphores du littoral européen, les municipalités se portèrent au-devant des envahisseurs pour se rendre à discrétion et implorer merci. Une seule ville, Cadix, se crut de taille à résister ; confiante dans l'énergie de ses miliciens et d'un corps de volontaires recrutés à la dernière minute, elle refusa l'accès de sa rade aux bâtiments qui se présentaient, en coula trois qui essayaient de forcer le passage, et obligea les autres à cingler vers le large. Elle gagna à cet acte de témérité quelques jours de répit. Faible avantage ! Lorsque l'on songe surtout à ce qu'allait lui coûter son éphémère indépendance.

Le surlendemain cependant un double assaut, tenté par terre et par mer, aboutit à un échec des troupes musulmanes. Les Maures se retirèrent de nouveau ; mais les assiégés avaient autant souffert que les assaillants : soixante pour cent de leurs mercenaires, la seule ressource sur laquelle ils pussent sérieusement compter, se trouvaient hors de combat ; le reste, épuisé de fatigue, se fit tuer à son poste, le matin suivant, quand eut lieu la seconde attaque ; et le champ fut ouvert aux épouvantables représailles dont usa le vainqueur.

Tant par vengeance que pour prévenir par la suite chez d'autres adversaires toute velléité de se défendre, l'émir Ali-el-Hadji, qui commandait devant Cadix, résolut la destruction de la malheureuse cité. Avant la bataille, il avait promis à ses soldats dix heures de pillage ; jusqu'au coucher du soleil il les lâcha à travers les maisons et les rues, sans frein aucun ni contrôle ; le soir seulement, il ordonna à ses officiers de sonner le ralliement et de reformer leurs troupes. Ce

6.

qui restait dans la place d'hommes, de
femmes et d'enfants fut dirigé vers l'A-
frique et vendu sur les marchés d'esclaves.
— Et l'émir s'éloigna, laissant derrière
lui, comme monument de sa colère, un monceau de ruines désertes, d'où montait la
fumée des récents incendies.

Cet exemple atroce n'avait pas même
l'excuse de la nécessité politique ; c'était
une cruauté gratuite. Car, si un pareil
crime terrifia les populations, il ne pouvait pas les abattre plus qu'elles ne
l'étaient déjà depuis le débarquement
de la première chaloupe ennemie. Les
chefs arabes savaient à n'en point douter
que leur campagne se réduirait à une
simple promenade militaire. Avec un peu
de patience et de douceur, ils auraient
bien fini, sans verser une goutte de sang, par
triompher d'une pauvre bande d'exaltés.

Heureusement, ces monstrueuses violences ne se renouvelèrent pas. Impres-
sionnée par la haute résignation morale
de ses victimes, Sa Majesté Chérifienne
consentit à formuler d'avance la loi qui
leur serait imposée ; on sut désormais à
quoi s'en tenir ; si dures que fussent les
conditions du conquérant, elles valaient
encore mieux que les capricieuses exi-
gences de la soldatesque.

Moyennant une soumission immédiate,
les communes étaient respectées ; sous
promesse solennelle de se convertir à la
r eligion du Prophète et de reconnaître
l'autorité du sultan, les citoyens avaient
l a vie et la liberté sauves, et conservaient
la pleine propriété de leurs biens ; en cas
de refus, ils devaient, trois heures après
sommation faite dans les rues par les
crieurs publics, avoir évacué les villes

pour se retirer vers le nord, par delà les montagnes de la Sierra Morena ; tout essai de rébellion, toute infraction aux règlements, tout retard même dans leur exécution étaient punis de la mort ou de l'esclavage.

Grâce au sang-froid des vaincus, ces pénalités excessives eurent rarement lieu d'être appliquées ; par dignité et par prudence à la fois, les Andalous ne s'y exposèrent point. Médiocrement soucieux d'expérimenter les avantages politiques et sociaux du régime marocain, ils émigraient en masse, sans attendre qu'on les y obligeât, emportant à la hâte quelques débris de leur splendeur passée.

Mais, dans l'encombrement de cet immense exode, que refoulait en avant la marche impatiente des cavaliers berbères, qui comptera jamais le nombre des infortunés morts de fatigue, de douleur et d'effroi ? Les survivants de la lugubre tragédie se dispersèrent à travers le continent selon les hasards de l'exil. Ceux qui, au prix d'une assez triste abdication, purent demeurer dans leurs foyers, succombèrent rapidement à un mode d'existence pour lequel ils n'étaient plus faits. En moins de deux mois, les derniers vestiges de toute une grande famille humaine avaient été balayés de la surface du monde. — Et si l'invasion s'arrêta, c'est qu'elle le voulut bien. . . . .

. . . .

L'Europe, plus surprise d'abord qu'effrayée par ce hardi coup de force, n'avait pas tardé cependant à en ressentir de graves inquiétudes. Consciente des splendeurs de sa civilisation, elle n'avait jamais envisagé qu'avec dédain l'hypothèse

d'une agression étrangère. Celle-ci la
frappa de stupeur, puis d'épouvante. Su-
bitement elle se crut perdue. Le calme
revint le jour où elle acquit l'assurance
de ne pas voir les Maures porter leurs
conquêtes au delà de l'Andalousie. Mais
le souvenir de l'alerte ne s'effaça pas
complètement, aussitôt la crise terminée,
et il fournit longtemps matière à des discussions intéressantes entre les diverses
écoles de théoriciens politiques.

Les théoriciens, dont il existait toujours quelques représentants dans chaque
commune, pouvaient être divisés d'une
manière générale en deux groupes principaux : ceux qui avaient eu peur et qui
étaient rassurés ; ceux qui également
avaient eu peur, mais qui ne se rassuraient
pas. Les premiers jouissaient d'une réputation de sagesse et de clairvoyance qu'on

refusait aux seconds et obtenaient beaucoup plus de succès près de leurs contemporains. On leur savait gré d'avoir
confiance dans l'avenir ; on appréciait les
subtiles considérations scientifiques, phi-
losophiques et stratégiques, par où ils
prouvaient qu'un nouveau retour offensif
des armées musulmanes était invraisem-
blable et impossible. On aimait à les entendre discourir, ne fût-ce que pour
achever de se rassurer soi-même.

Quant aux autres, il n'y aurait pas à
mentionner les sinistres prophéties qu'ils
rééditaient sans cesse, si les événements
n'avaient, d'une façon bien malencon-
treuse, justifié leurs appréhensions. Et
puis, on ignore ordinairement que ce fut
par leurs soins et avec leur appui que
s'organisa cette fameuse *Ligue contre
la paix*, dont la vogue occupa un

moment l'opinion publique désœuvrée.

Le fondateur de cette société au titre belliqueux était le célèbre Frédéric Ledoux, déjà connu par ses travaux sur les *Modes de reproduction intensive de l'espèce humaine*. Il prétendait, en pleine civilisation, ressusciter l'esprit militaire, et déterminer un mouvement pour la création d'armées permanentes. Il ne détermina jamais que d'innombrables polémiques purement oratoires, dont rien ne sortit et dont rien ne pouvait sortir. Quand on fut las d'épuiser indéfiniment les mêmes arguments autour d'une question unique, on passa à autre chose : la *Ligue contre la paix* cessa d'attirer les amateurs de casuistique et d'éloquence ; elle mourut faute d'adhérents.

Néanmoins, elle était arrivée à entretenir quelques craintes vagues chez les esprits les plus fermes. Plusieurs communes d'Espagne, que le voisinage des Maures prédisposait à la circonspection, se répandaient d'autre part en incessantes doléances, et demandaient qu'on les protégeât contre le péril éventuel d'une irruption arabe. Tant pour leur donner satisfaction que par mesure de sûreté générale, trois cent vingt-deux villes se syndiquèrent dans le but de fonder une société nouvelle, dite des *Missions modernes*, qui se chargerait de civiliser les populations islamiques, et de leur prouver que tous les hommes sont frères, libres et égaux.

Ce vaste projet, dont l'histoire n'oubliera pas la philanthropie, aurait certainement exercé la plus sulutaire influence, si son essor n'avait été arrêté dès le début par la mauvaise volonté des fonctionnaires

7

mahométans. Non seulement, ils accueil-
lirent sans sympathie les délégués des
Missions modernes, mais encore, quand
ils connurent l'objet de leur voyage, ils
les engagèrent brutalement à repasser la
frontière. La plupart se le tinrent pour
dit et n'insistèrent point. Les plus te-
naces et les plus dévoués payèrent d'audace, et commencèrent des tournées de
conférences.

Mal leur en prit; dès la première
réunion, ils faillirent être lapidés par
l'auditoire, comme blasphémateurs et sa-
crilèges : la police se montra à temps
pour dissiper la foule à coups de matraques
et ramener les orateurs fortement endom-
magés. Mais la justice des cadis, à qui on
les déféra aussitôt, n'estima pas la puni-
tion suffisante. Accusés de propager des
doctrines perverses et de provoquer des

troubles, ils furent condamnés à diverses peines. Aux uns, on bâtonna la plante des pieds ; aux autres, on coupa le nez ou les oreilles ; aux plus compromis enfin, on fit subir une amputation qui, en leur haussant la voix d'un octave, les privait à l'avenir de toute conversation criminelle avec les femmes. On les invita alors de nouveau à regagner leur pays, non sans les avoir prévenus qu'en cas de récidive on leur trancherait simplement la tête.

Ces marques de malveillance découragèrent instantanément l'apostolat ; après quelques mois de popularité, les *Missions modernes* eurent le sort de la *Ligue contre la paix* et d'autres sociétés semblables ; elles ne servirent plus que de motifs à des banquets périodiques, accompagnés de discours et de toasts. — D'ailleurs, leur discrédit s'expliquait par l'éloignement des catastrophes qui déterminèrent leur éclosion ; quatre ans s'étaient écoulés depuis les événements néfastes de 300. L'émotion soulevée par le sac de Cadix avait eu le temps de s'éteindre ; les conquérants ne songeaient pas à avancer les limites de leurs conquêtes , et rien n'autorisait à présager qu'ils y songeraient jamais. L'Europe était lasse de l'agitation facticc entretenue autour de cette histoire déjà ancienne ; elle demandait qu'on la laissât tranquille, et qu'on ne lui parlât plus ni de l'Andalousie, ni des Andalous, ni d'Allah, ni de son prophète.

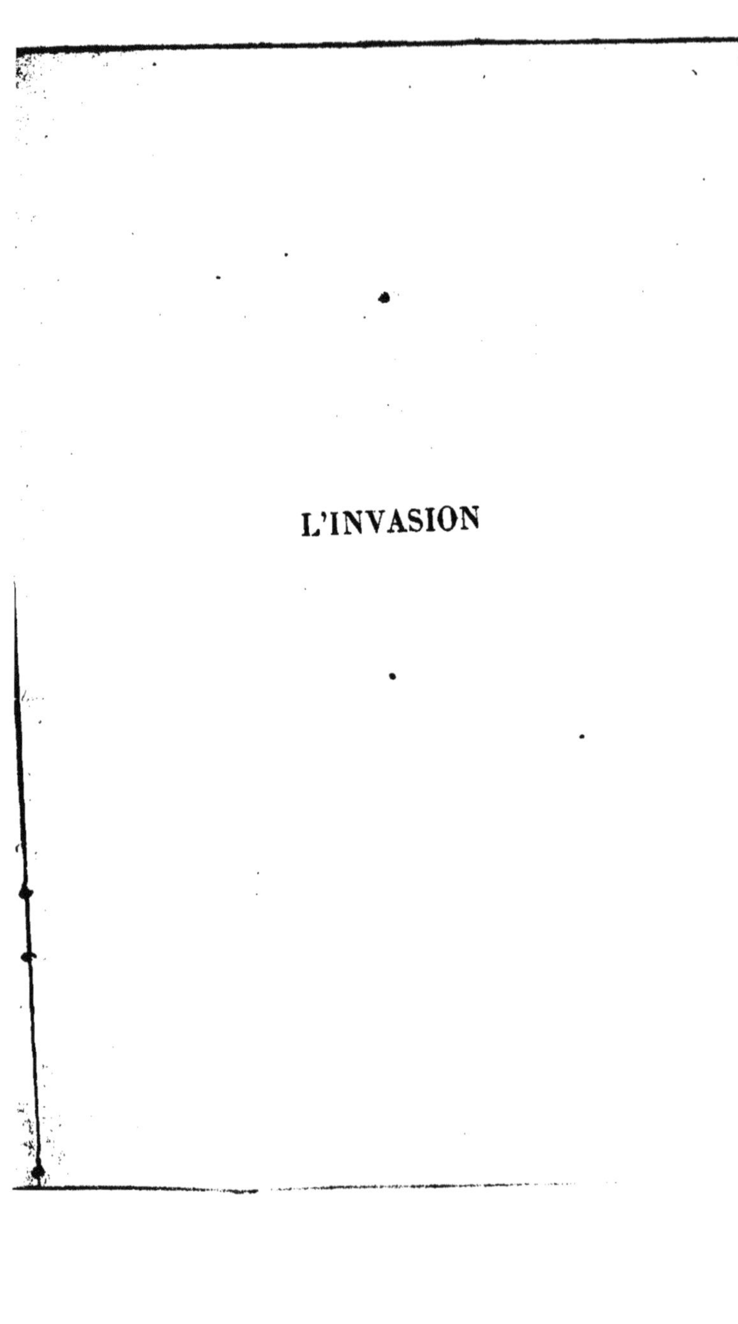

L'INVASION

L'INVASION

Les circonstances semblaient alors conformes à ce désir d'apaisement. En 302, l'auteur responsable de la guerre, le sultan du Maroc, était mort, abandonnant une lourde succession à un héritier de vingt-cinq ans, son fils Ibrahim III, celui qui devait être plus tard Ibrahim-el-Kébir.

Ce terrible manieur d'hommes n'avait que vaguement révélé, dans son enfance et sa jeunesse, les prédispositions caractéristiques par où s'annoncent les destinées supérieures. Taciturne et mélancolique, il passait plutôt pour posséder une intelligence moyenne. Mais quelques familiers pourtant s'étonnaient de la dureté du regard qui perçait parfois à travers sa prunelle ordinairement voilée ; et ceux-là qui connaissaient aussi sa volonté froide, dissimulée soigneusement, sa force de résistance physique et morale, son secret mysticisme religieux, devinaient que, sous la personnalité superficielle et insignifiante, une autre se repliait sans doute à l'insu de tous, en de mystérieuses et redoutables rêveries.

On ignora longtemps en Europe la part qu'il avait prise aux affaires andalouses, le génie organisateur qu'il déploya pour les préparatifs de l'expédition, l'activité politique avec laquelle il improvisa le gouvernement des territoires annexés. Ses futurs sujets l'ignorèrent eux-mêmes, et, dans la simplicité de leurs âmes, en

firent remonter toute la gloire au sultan, son père. Dominateur pour l'amour
seul de la domination, certainement convaincu de son droit divin, Ibrahim se souciait peu de la faveur des foules. Il était
bien le véritable autocrate d'Orient, en-
fermé dans sa majesté supra-humaine,
presque invisible, exerçant sa puissance
illimitée du fond de son palais et n'appa-
raissant qu'aux heures solennelles, pour
prendre le commandement des croyants
et les mener à la guerre sainte.

Ce n'est qu'aujourd'hui, en observant
l'ensemble de ses actes, qu'éclatent aux
yeux l'implacable unité de sa pensée et
l'énergie patiente qu'il usa à en poursuivre
l'exécution. Les vastes projets accomplis
au seuil de la vieillesse, il les couvait en
son esprit solitaire dès sa plus lointaine
adolescence. Avant de régner, il en ébau-

cha les premières lignes par l'invasion de l'Espagne. Aussitôt qu'il régna, il se mit à son œuvre avec la ténacité fixe d'un monomane, et ne voulut plus s'en distraire qu'il ne la vît achevée.

Indifférent aux moyens, par la violence ou par la ruse, par la cruauté ou la persuasion, durant vingt-sept années, il remua l'Islam jusqu'à ce qu'il en eût centralisé entre ses mains les forces éparses. Il avait débuté dans son propre empire, bouleversant de fond en comble les anciens services publics dont il sentait la faiblesse; il avait refait ses armements selon les données de la science moderne; il avait assuré les ressources du trésor, grâce à une perception régulière des impôts. Quelques résistances plus ou moins ouvertes, brusquement noyées dans le sang, ne contribuèrent qu'à asseoir sa puissance et à agrandir son prestige par la terreur. Quand il se jugea maître d'un instrument solide, il le tourna contre les États voisins ; et alors commencèrent cette série de meurtrières campagnes et ce formidable assemblage d'alliances politiques, qui devaient aboutir à une sorte de confédération des peuples africains, sous la suprématie du Maroc.

Non content de cette autorité temporelle sans contrôle, le Chérif sut y joindre encore le mirage d'une prétendue mission religieuse. Descendant de Mahomet, il affirma recevoir directement l'inspiration du prophète ; et il le fit croire. En même temps qu'il démolissait et reconstruisait à sa guise un continent immense, il osait retoucher les textes coraniques ; et sa réforme, au lieu de le perdre, portait son renom de sainteté et son influence

morale aux derniers confins du monde
asiatique. Un jour vint où se réalisa en
sa personne le rêve le plus prodigieux de
despotisme absolu qui ait jamais pu han-
ter un cerveau humain. Il fut à la fois le
pape infaillible et le césar vainqueur de
cinq cents millions d'hommes fanatiques
et belliqueux.

Pour quiconque a pénétré la marche
de l'histoire, et sait que chaque germe
tend d'une manière fatale à se développer
jusqu'à épanouissement complet de ses
forces latentes, l'apparition d'Ibrahim-el-
Kébir n'est pas un phénomène inexpli-
plicable. On aurait pu pressentir le conquérant, dès longtemps avant la conquête :
il était, en somme, l'aboutissement suprême, l'incarnation achevée du génie isla-
mique sous ses divers aspects. Entre l'Orient
et l'Occident, la lutte n'avait été qu'inter-

rompue depuis les Croisades. L'Europe
crut l'avoir terminée par des escarmou-
ches victorieuses échelonnées à travers
des siècles de trêve. Elle se trompa, et
paya son erreur de sa ruine. . . . .

. . . .

L'écrivain qui étudiera plus tard la grande
invasion musulmane, — si tant est que
quelqu'un écrive et étudie désormais quelque chose, — ne pourra pas ne point tenir
compte des origines lointaines auxquelles
se rattachent les événements de l'année 329.
Maintenant, dans le désarroi de l'épou-
vantable crise à peine assoupie, devant
l'avenir voilé de noir, qui songerait à une
œuvre de science et de pensée ? Les do-
cuments ou les témoignages n'existent
même pas. De la tragédie où sombra la
société civilisée, chacun ne connaît que de
rares fragments et des détails spéciaux.

L'ensemble demeure obscur, presque inconcevable, rebelle pour le moment à toute espèce de commentaire sérieux.

On sait seulement que, sur un terrain plus vaste, les hostilités s'engagèrent dans des conditions identiques à celles qui firent naître, en 300, le conflit andalous-marocain. Des malentendus soulevés par la mauvaise foi du sultan déterminèrent peu à peu, de part et d'autre, une surexcitation aiguë ; l'Europe, sans admettre la possibilité de son anéantissement définitif, n'ignorait pas néanmoins les ressources militaires d'Ibrahim ; elle craignait un nouveau coup de main sur une nouvelle portion de son territoire. Sa faute — honorable entre toutes — fut de croire encore une fois à la justice, au droit et à la raison, et de perdre son temps en pourparlers diplomatiques avec un adver-

saire décidé aux pires violences. D'aucuns
ont insinué, il est vrai, qu'une longanimité
aussi manifeste s'explique simplement par
une répugnance naturelle à se battre ;
mais de pareilles hypothèses n'équivau-
draient à rien moins qu'à une accusation
de lâcheté.

Au printemps de 329, le Chérif se dé-
masquait brutalement par l'invasion de
l'Espagne, un débarquement dans le Sud
italien, et le pillage de plusieurs localités
inoffensives sur le littoral de l'ancienne
Provence française. A la même époque,
deux émigrations asiatiques se portaient,
l'une vers la péninsule des Balkans, la
seconde vers la Russie par la côte Nord de
la Caspienne, ramassant le long de leur
route les innombrables hordes toujours
prêtes aux aventures, et traînant à leur
suite un peuple de femmes et d'enfants

Ce ne fut pas une guerre ; l'Asie et l'Afrique barbares débordaient à la fois sur l'Europe.

Dès le premier choc, celle-ci plia ; elle ne possédait ni marine, ni armées, ni travaux de défense, ni administration quelconque, sauf quelques centaines de mille de petites organisations municipales disparates, hors d'état de s'entendre en deux ou trois semaines pour combiner une action commune. Certaine de sa supériorité scientifique, elle vivait depuis des générations dans l'idée aveugle que les découvertes de ses chimistes et de ses ingénieurs lui garantissaient une éternelle sécurité. Elle oubliait seulement que, au milieu de la pacification générale, elle avait absolument négligé l'entretien de sa machinerie destructive ; elle oubliait surtout que, au premier et au deuxième

siècle de l'ère républicaine, tandis qu'elle
répandait sa civilisation chez les races
voisines. elle leur avait appris l'existence,
la fabrication et le maniement des engins
qui aujourd'hui se retournaient contre
elle.

Devant l'attaque simultanée sur cinq
points de la frontière, il y eut une débâcle
gigantesque, un reflux énorme et brusque
des populations vers les pays du centre et
du nord. Le flot des envahisseurs roula à
travers des villes mortes; il se ralentit à
se disperser parmi les territoires déserts.
Mais l'hiver seul, un des plus précoces et des
plus rigoureux que l'histoire mentionne,
arrêta son élan. L'Islam avait atteint déjà
à l'est les bords du Dniéper; au midi, il
occupait la vallée du Danube, la Lom-
bardie, la côte méditerranéenne des Alpes
aux Pyrénées, le versant méridional du

bassin de la Garonne, toute l'Espagne. Il n'attendait que la saison favorable pour reprendre sa marche.

Ce répit, qui semblait laisser place à un reste d'espérance, fut peut-être au contraire le plus atroce épisode du drame. Mieux eût valu un dénouement immédiat que cette agonie prolongée durant des mois dans la fièvre de l'épouvante. Rapidement, les dernières illusions croulèrent : la vision de l'inévitable s'imposa ; il n'y avait plus, de jour en jour, qu'à regarder venir la catastrophe finale.

On doit reconnaître pourtant qu'aucun des suprêmes efforts n'a été négligé pour le salut de l'Europe : tous demeurèrent vains. Les milices musulmanes, probablement achetées par des coreligionnaires, ne s'étaient pas donné la peine, en présence des malheurs publics, de dissimuler

leurs sentiments. Dès le début, des muti-
neries partielles se produisirent ; la discipline se relâcha ; il devenait impossible
de faire fond sur des troupes d'une fidélité
aussi suspecte. A la première tentative de
répression, des révoltes éclatèrent ; les
autorités civiles, en plusieurs communes,
furent violentées par les soldats, quelques
personnes massacrées, quelques maisons
mises à sac. Une guerre intérieure s'an-
nonçait imminente. On se félicita de
pouvoir presque partout licencier à prix
d'or les mercenaires qui n'avaient pas
déserté déjà en emportant leurs armes.

Malgré la gravité de l'événement, l'énergie des vaincus ne fléchit pas encore. Il
fallait en hâte reconstituer les effectifs
militaires. On exhuma des bibliothèques
les antiques règlements administratifs,
qu'on essaya d'appliquer tant bien que

mal. Le recrutement s'effectua à peu près. Des dictatures avaient surgi de divers côtés, sans qu'on voulût approfondir pourquoi ni comment ; elles surent au moins poursuivre et contraindre les réfractaires, improviser les différents services, pourvoir aux mesures les plus urgentes et mettre une cohésion vague dans le chaos des initiatives individuelles. Leur œuvre serait intégralement digne d'éloges, si elle n'était due à une autorité dont on chercherait en vain l'origine régulière.

Au printemps de 330, sans compter trois autres armées en Pologne, en Bohême et dans l'ouest de la France, cent vingt-cinq mille hommes se trouvaient concentrés au sud de la Loire, retranchés derrière les Cévennes, et prêts à agir dans la vallée du Rhône. En l'absence d'officiers supérieurs, on les avait mis sous les ordres d'un Con-

seil de commandement général, composé
de vingt membres, et chargé de conduire
les mouvements d'ensemble. Parmi eux,
le biographe de Charlemagne et de Napoléon, le célèbre Adolphe Thibaudier,
jouissait d'une réputation de compétence
méritée pas ses travaux antérieurs. Dans
la séance où fut discutée l'ouverture des
opérations, il rappela à ses collègues que
tous les stratégistes illustres préconisèrent
tòujours la tactique offensive; il cita des
exemples ; et son opinion, d'abord froide-
ment accueillie, finit par rallier la majorité
des suffrages.

L'armée du centre se mit en marche,
déjà démoralisée par les fatigues de la vie
nouvelle qu'elle subissait depuis quatre
mois. Divisée en cinq corps, elle devait
par cinq voies différentes se diriger sur
Lyon, pour se porter de là ultérieurement

vers le point le plus favorable où l'on pût
offrir le combat.

Il y aura plus tard un bien intéressant
sujet d'études à rechercher comment
s'opéra la dislocation, on pourrait dire l'é-
vanouissement, de cette masse d'hommes.
Beaucoup moururent sans doute de mala-
dies et de privations ; beaucoup aussi peut-
être se laissèrent envahir par le décou-
ragement et abandonnèrent le poste qui
leur avait été confié. Il faut croire que la
déroute s'accomplit d'une manière conti-
nue par une multitude de désertions individuelles ; car personne n'a jamais signalé
aucune insubordination de la part d'aucun
groupe un peu nombreux, refusant en
masse l'obéissance à ses chefs. Quant aux
soldats tués en bataille rangée, ils ne
sauraient entrer en ligne de compte ; le
chiffre de ceux qui tombèrent aux environs

de Roanne, sous les sabres des cavaliers maures, a été établi sans conteste ; il monte exactement à quatre-vingt-deux.

Cette unique rencontre avec une poignée d'éclaireurs musulmans suffit pourtant à déterminer la débâcle suprême. Ibrahim avait calculé juste en semant au loin devant lui, quelquefois à soixante, quatre-vingts ou cent lieues de sa première ligne, quelques escadrons isolés dont le passage seul épouvantait les populations et paralysait toute résistance. Le 18 prairial 330, à trois lieues de Roanne, alors que les forces ennemies évoluaient encore à travers le Dauphiné et n'avaient pas dépassé Valence, un de ces partis d'extrême avant-garde heurta une colonne d'Européens. La plus effroyable débandade se produisit aussitôt, gagnant de proche en proche, avec une rapidité foudroyante, ceux-là

même que l'éloignement mettait à l'abri
d'une attaque immédiate. Par bonheur,
les Arabes, sentant leurs montures fatiguées, n'exigèrent d'elles qu'un effort,
et ne renouvelèrent pas la charge. Ils
avaient perdu cinq hommes, dont un qui
se brisa les reins en tombant de cheval, et
quatre autres tués par l'explosion d'une
voiture de cartouches.

L'effet moral de ce malheureux enga-
gement n'en fut pas moins immense. Il
se répercuta en deux ou trois jours
jusqu'aux limites de ce qui restait du monde
civilisé. La ruine d'une armée entière
n'était rien, comparée à ce désastre des
dernières énergies survivantes. La terreur, le désespoir hallucinèrent les imagi-
nations ; on attribua aux musulmans des raffinements de cruautés atroces ; on rêva, tout
éveillés, des cauchemars de tortionnaires.

Pour comble, des épidémies disparues depuis des siècles, le typhus, la variole, la peste, arrivèrent à la suite des hordes asiatiques. Brusquement tirés des réceptacles lointains où ils sommeillent éternellement, fouettés par le va-et-vient d'énormes agglomérations humaines, les horribles fléaux parcoururent en moins d'un mois l'étendue de l'immense champ de bataille. Vainqueurs et vaincus, également frappés, succombaient par centaines de mille; les cadavres pourrissaient en plein air, sur les routes, ou dans les maisons abandonnées, créant ainsi sans cesse des foyers d'infection contagieuse. Mais, tandis que, chez les envahisseurs, les vides se comblaient continuellement par des afflux d'immigrants nouveaux, certaines régions envahies, ou près de l'être, se dépeuplèrent en quelques jours, sans que

nul, dans le désarroi universel, songeât à
secourir les sinistrés.

Alors, devant cette subite accumulation
d'infortunes et de souffrances, un vent de
folie furieuse sembla avoir passé sur
l'Europe. Des hommes, des femmes, des
enfants même se refusèrent à attendre
leur destinée prochaine et se donnèrent
la mort. Le suicide en commun fut la
dernière élégance macabre de cette grande
société agonisante; des rendez-vous
étaient pris à date fixe; après des orgies
sans nom où le plus souvent le sang avait
coulé, au milieu des fumées de l'ivresse, les
convives s'égorgeaient les uns les autres,
ou se brûlaient vifs dans leurs demeures
incendiées. La foule assistait, stupide, à
ces lugubres spectacles, ou y applaudis-
sait avec des cris de joie incohérents, les
yeux brillant déjà d'une démence pareille.

Bientôt la frénésie nerveuse des misérables monta à son paroxysme. Une sorte de délire homicide secoua les cerveaux désemparés. On cita en plusieurs villes des faits de cannibalisme, dont quelques-uns accompagnés de circonstances effroyables. Tous les cabanons de toutes les maisons de fous paraissaient s'être à la fois déversés à travers le monde. Des bandes de forcenés descendirent dans les rues, jetant au hasard des hurlements d'hystériques, massacrant les passants dont ils déchiquetaient les cadavres à coups d'ongles, renversant les édifices à coups d'engins explosifs. Parfois, des combats s'engagèrent entre deux troupes de ces aliénés. On vit des communes entières s'anéantir ainsi de leurs propres mains dans une crise générale et soudaine de fureur destructive. — Quand les armées musulmanes défilèrent devant Orléans, la ville depuis neuf jours, n'était plus qu'un monceau de cendres fumantes.

. . . .

Le 28 vendémiaire 331, Ibrahim-el-Kébir lui-même arriva dans les Flandres. Les opérations militaires se trouvaient partout à peu près terminées. Les cantons de la Suisse montagneuse et de l'Écosse, où persistent encore aujourd'hui quelques débris de familles européennes, avaient seuls été épargnés par les envahisseurs. Le sultan venait en personne prendre possession de son nouvel empire.

Quand il toucha les rivages de la mer du Nord, aux environs de Blankenberghe, le conquérant, arrêtant son escorte, se lança au galop jusqu'au bord de la plage. Les sabots de son cheval dans l'écume des vagues, il demeura longtemps immo-

bile et silencieux, contemplant les flots
aux reflets glauques qu'il n'avait jamais
vus, le ciel froid, brumeux et gris où des-
cendait le pâle soleil des régions sep-
tentrionales. Devant l'inconnu de l'horizon
désert, il lui sembla avoir poussé sa marche
victorieuse jusqu'aux limites du monde ;
l'orgueil de la domination satisfaite
gonfla son cœur. C'est alors qu'il dicta
au marabout Hassan-ben-Nafich la fameuse
proclamation dont le texte a été conservé, et
par où se ferme tout un cycle de l'histoire :

« Au nom de Dieu tout-puissant et
miséricordieux !

« Louanges à Lui ! Gloire à ses prophètes ! Gloire et bénédiction aux croyants qui
ont vaincu sous l'étendard sacré ! Le fer,
le feu et le sang ont effacé la pourriture
de la terre.

« Dieu est au-dessus de nous ; et il m'a

conduit par la main, moi Ibrahim, jusqu'aux
confins de l'espace, pour exterminer les
Infidèles qui méprisent la parole sainte, et
qui s'adonnent aux vaines sciences puisées
dans les livres, à la mollesse et à l'oisiveté.

« Au nom de la foi unique et vénérable,
j'abolirai les derniers vestiges de leur
infamie et de leur corruption ; j'abaisserai
dans la poussière cette race de chétifs et
d'énervés, et je partagerai les riches
royaumes qu'ils détenaient entre les forts
et les braves ; je réduirai à l'oubli l'enseignement pervers dont ils se faisaient
gloire ; je détruirai les monuments de
leur luxe ; et je bâtirai à la place des
milliers de sanctuaires éternels, d'où la
prière montera vers les cieux.

« Allez ! et obéissez à ce que je dis !
Cultivez le sol qui vous appartient désormais. Résignez-vous à la pauvreté ou à

la douleur. Écoutez les chefs qui vous commandent. Jouissez des joies de la vie, et ne craignez point la mort. La destinée de l'homme est en dehors de l'homme. Et, s'il est écrit que vous périrez un jour de bataille, le paradis est à l'ombre des sabres. » . . . . . .

. . . .

Et maintenant, hélas! rien ne reste debout de ce qui fut édifié par le labeur des siècles. Les envahisseurs ont foulé aux pieds l'œuvre la plus admirable de la sagesse humaine. Une morale grossière, sanctionnée par la croyance en Dieu, remplace la délicate tolérance scientifique de jadis; les criminels sont punis; indifférents à l'amélioration ou au bien-être général, les hommes s'occupent d'observer une loi prétendue divine, dont ils négligent d'analyser le fondement rationnel ; ils se soumettent à des autorités gouvernémentales qu'ils ne discutent même pas ; ils n'estiment que des vertus de brutes : la foi, la patience, la sobriété, le courage, et ne pratiquent que des devoirs vulgaires. Heureux et fiers de leur force, inconscients de leur servitude, de leur ignorance et de leur misère, inaptes aux merveilleuses subtilités de l'esprit moderne qu'ils dédaignent faute de le comprendre, ils se vantent d'avoir anéanti l'Europe ; ils s'y installent, s'y organisent et s'y multiplient avec la fécondité des races inférieures. Et le plus intelligent d'entre eux serait incapable de citer les minéraux dont se compose Sirius. . . . . . .

Les barbares ont reconquis le monde. La civilisation est morte.